U0571142

青少年思想政治教育读本

青少年应知晓的尊师重教故事

李 蕊 编著

吉林人民出版社

图书在版编目(CIP)数据

青少年应知晓的尊师重教故事 / 李蕊编著. -- 长春
: 吉林人民出版社, 2012.5
（青少年思想政治教育读本）
ISBN 978-7-206-09034-9

Ⅰ.①青… Ⅱ.①李… Ⅲ.①品德教育－中国－青年
读物②品德教育－中国－少年读物 Ⅳ.①D648-49

中国版本图书馆 CIP 数据核字(2012)第113489号

青少年应知晓的尊师重教故事

QINGSHAONIAN YING ZHIXIAO DE ZUNSHI ZHONGJIAO GUSHI

编　　著：李　蕊
责任编辑：门雄甲　　　　　　封面设计：七　洱
吉林人民出版社出版 发行（长春市人民大街7548号　邮政编码：130022）
印　　刷：北京一鑫印务有限责任公司
开　　本：710mm×960mm　　1/16
印　　张：13.5　　　　　　字　　数：160千字
标准书号：ISBN 978-7-206-09034-9
版　　次：2012年5月第1版　　印　　次：2021年8月第2次印刷
定　　价：48.00元

第一编　尊敬师长　以礼待师

孔子称颂老师 …………………… 003

子贡维护老师尊严 …………………… 006

程门立雪 …………………… 010

曾子避席 …………………… 012

纪昌向飞卫学射 …………………… 016

华佗隐名拜师 …………………… 019

吴道子广泛求师 …………………… 021

张良与黄石公 …………………… 024

汉明帝为老师批孝送葬 …………………… 026

世上至尊君亲师 …………………… 029

宋太祖重文尊师 …………………… 031

黄遵宪尊师有礼 …………………… 036

赤诚一颗学子心 …………………… 038

唐太宗教子尊师 …………………… 041

不畏劳苦千里寻师 …………………… 043

读书为明君 …………………… 047

剃度求师 …………………… 051

冯玉祥将军尊师重教 …………………… 056

毛泽东尊师佳话 …………………… 060

许世友忍辱救师 …………………… 063

目录 CONTENTS

1

目录
CONTENTS

2

第二编 不耻下问 能者为师

孔子拜项橐为师 …………………… 069

荀淑拜少年为师 …………………… 071

颜真卿讨教为学之道 ……………… 073

柳公权与"脚书大师" ……………… 075

书圣拜水饺老太为师 ……………… 079

拜人民为师 ………………………… 084

一字之师 …………………………… 088

有若无 实若虚 …………………… 093

赵光祖拜犯人为师 ………………… 098

莫里哀向女仆请教 ………………… 100

阿基米德拜奴隶为师 ……………… 102

老学生和少老师的真挚情谊 ……… 106

董沄七十拜师 ……………………… 108

第三编 难忘师训 不负师恩

颛孙师衣襟记师训 ………………… 111

颜渊为师乞米 ……………………… 112

唐伯虎拜师学画 …………………… 114

谨遵师训 心系国家 ……………… 117

梁启超随师变法 …………………… 119

云敞葬师 忠义绝伦 ……………… 121

诸葛亮不忘师训 ·························· 125

岳飞祭奠恩师 ·························· 131

礼震才请求替师受刑 ·················· 134

文天祥效师英勇就义 ·················· 136

冒雨探恩师 ···························· 139

金牌赠恩师 ···························· 141

听党的话,就是听老师的话 ············ 143

陈景润将成绩归功于老师 ·············· 148

鲁迅与藤野先生 ······················ 150

程砚秋不忘师恩 ······················ 153

莫泊桑学会用心 ······················ 155

第四编 崇尚学习 重视教育

头悬梁 锥刺股 ······················ 161

凿壁借光 囊萤映雪 ·················· 164

铁杵磨成针 ·························· 166

祖莹遮窗夜读 ························ 169

苏颋映炭照书 ························ 171

孔子韦编三绝 ························ 173

断织劝学 ···························· 176

刘勰笃学不娶 ························ 178

闻鸡起舞 ···························· 181

孟母三迁 ···························· 183

目录 CONTENTS

4

洛阳纸贵 ························· 185

三年不窥园 ······················ 188

华佗出师 ························· 192

宋濂勤奋刻苦求知识 ·············· 195

郑板桥尊师重教 ·················· 198

知识就是力量 ····················· 205

马克思的足迹 ····················· 207

第一编
DI YI BIAN
尊敬师长　以礼待师

孔子称颂老师

公元前521年，孔子得知他的学生宫敬叔奉鲁国国君之命，要前往周朝京都洛阳去朝拜天子，觉得这是个向周朝守藏史老子请教"礼制"学识的好机会，于是征得鲁昭公的同意后，与宫敬叔同行。到达京都的第二天，孔子便徒步前往守藏史府去拜望老子。正在书写《道德经》的老子听说誉满天下的孔丘前来求教，赶忙放下手中刀笔，整顿衣冠出迎。孔子见大门里出来一位年逾古稀、精神矍铄的老人，料想便是老子，急趋向前，恭恭敬敬地向老子行了弟子礼。进入大厅后，孔子再拜后才坐下来。老子问孔子为何事而来，孔子离座回答："学生孔丘，特地来拜见老师，请收下我这个学生。我学识浅薄，对古代的'礼制'一无所知，特地向老师请教。"老子说："你就是仲尼啊，研究学问你不比我差，为什么还要拜我为师呢？"孔子听了再次行礼，说："学习是没有止境的。您的学问渊博，跟您学习，一定会大有长进的。"老子见孔子这样诚恳，便详细地抒发了自己的见解。

老子问孔子读什么书，孔子说在读《周易》，并说圣人都读这本书。老子说："圣人读它可以，你为什么要读它呢？这本书的精髓是什么？"孔子说："精髓是宣扬仁义的。"老子说："所谓仁义，是一种白白惑乱人心的东西，就像夜里咬得人不能睡觉的蚊虫一样，只能给人们增加混乱和烦恼罢了。你看，那鸿鹄不用每天洗浴羽毛就自然雪白，乌鸦也不用每天染墨而自然漆黑。天自来高，地自来厚，日月自来就放射光芒，星辰自来就是排列有序，草木生来就有区别。你如果修道，就顺从自然存在的规律，自然就能够得道。宣扬那些仁义之类的有什么用呢，那不和敲着鼓去寻找丢失的羊一样可笑吗？你是在破坏自然规律，败坏人的天性啊！"

老子又问孔子："你已经得道了吧？"孔子说："我求了二十七年，仍然没有得道啊。"老子说："如果道是一种有形的东西可以拿来献人，那人们会争着拿它献给君王。如果道可以送人，人们就会拿它送给亲人。如果道可以说得清楚，人们都会把它告诉自己的兄弟。如果道可以传给别人，那人们都会争着传给自己的子女了。然而上面说的那些都是不可能的，原因很简单，那就是一个人心里没有正确的对道的认识，那道就绝不会来到他心中的。"

孔子说："我研究《诗经》、《书经》、《周礼》、《周乐》、《易经》《春秋》，讲说先王治国之道，深明周公、召公成功之路，我以此谒见了七十多个国君，但都不采用我的主张。看来人们是太难说服了！"老子说："你那'六艺'全都是先王时代的陈旧历史，你说那些又有什么用呢？你现在所修的，也都是些陈旧的东西。就像是人的鞋子留下的印迹，脚印和脚印，还能有什么不同吗？"

孔子从老子那儿回来，三天没有说话。孔子的学生们请求他讲解老子的学识。孔子说："老子博古通今，通礼乐之源，明道德之归，确实是我的好老师。"同时还打比方赞扬老子，他说："鸟儿，我知道它能飞；鱼儿，我知道它能游；野兽，我知道它能跑。善跑的野兽我可以结网来逮住它，会游的鱼儿我可以用丝条缚在鱼钩来钓到它，高飞的鸟儿我可以用良箭把它射下来。至于龙，我却不能够知道它是如何乘风云而上天的。老子，其犹龙邪！"意思是说，"我如果遇见有人的思路像飞鸟一样放达时，我可以用我似弓箭般准确锐利的论点射住他制服他。如果对方的思想似麋鹿一样奔驰无羁，我可以用猎犬来追逐它，一定能使他被我的论点所制服。如果对方的思想像鱼一样遨游在理论的深渊中，我可以用钓钩来捕捉他。然而如果对方的思想像龙一样，乘云驾雾，遨游于太虚幻境，无影无形捉摸不定，我就没法追逐和捕捉他了。我见到老子，觉得他的思想境界就像遨游在太虚中的龙，使我干张嘴说不出话，舌头伸出来也缩不回去，我心神不定，已找不着自己了。"

子贡维护老师尊严

孔子是我国古代伟大的思想家和政治家，儒家学派创始人。他也是第一个打破贵族教育垄断，开创私学的人。他将很大一部分精力用在教育事业上，弟子多达三千人，其中有名的弟子有72个，子贡便是其中之一。

子贡非常尊敬自己的老师。一次，鲁国有个大夫在人前贬低孔子，抬高子贡，刚好被子贡听到了。他非常气愤，丝毫不因为那人在夸自己而给他留情面，当即打了一个比方。他说，如果说每个人的才能就是一所房子，那么老师的房子围墙就有十多丈那么高，屋子里富丽堂皇，一般人没法翻过围墙看得到里边的摆设；而子贡我的房子呢，不过是只有肩高的围墙，一眼就可望尽。接着，他又把老师比作太阳和月亮，太阳和月亮可是光彩照人，不是常人所能超越的呀！大夫听了这一席话，脸上一阵红一阵白，十分惭愧。

孔子死后，子贡悲痛万分，在孔子墓旁住下，整整守墓六年。

竭力维护老师的尊严和名声，守护老师的遗冢，是子贡尊重老师的方法。

拓展阅读 ·····································

　　子贡是孔子最器重的弟子之一，孔子曾把他比喻为瑚琏。瑚琏者，宗庙之贵器也。当时，齐国权臣田常欲作乱，但又畏惮高、国、鲍、晏等大臣，于是劝齐君兴兵伐鲁，企图削弱诸臣。孔子得知消息以后，便对弟子们说："鲁国乃父母之国，国危如此，你们为何不出？"子路、子张、子石等请行，孔子皆不准。子贡请行，孔子非常高兴地同意了。

　　子贡忙到齐国国相田常那里劝说："你要攻打鲁国，可打错了，鲁国很弱小，吴国很强大，不如您去打吴国？"田常生气了，说："你让我去打难打的，这不是害我吗？"子贡说："忧患在内的，要攻打强国，忧患在外的要攻打弱国，你们齐国的忧患可是在内啊！如果您攻打了鲁国，一定能打赢，你们国家的大臣和国王都会变得骄傲，就不会把你放在眼里了，你的目的就达不到了。"田常说："你说的很对，可是我们已经准备向鲁国开战了，再去打吴国别人都会怀疑我。"子贡说："这事好办，我去让吴国去帮助鲁国打仗就可以了。"

子贡走了，到了吴王那里，说："吴王啊，齐国要去攻打鲁国了，肯定能打赢，将来要和您争霸了，您可危险了啊！"吴王听了忙问子贡有什么对策，子贡说："您现在去救鲁国，既能赢得救鲁国的好名声，又能打败齐国，这样一举两得的事情你一定会做吧！"吴王说："你说得对极了，但是我前一阵和越国打了一仗，我打赢了，越王现在正在练兵呢，要是他在后面袭击我该咋办呢？"子贡说："我现在就去和越王谈谈，他不但不袭击你，还会帮你打齐国。"吴王听了大喜，连忙道谢，让子贡快去快回。子贡到越王那，说："大王啊，你可危险了啊，吴王要来打你了，你办事不机密，想要报仇的事让吴王知道了啊。"越王听了吓了一跳，忙问子贡怎么办，子贡说："你可以请求吴王和他一起去攻打齐国，吴王打赢或打输了你都可以再找吴王报仇了。"越王听了非常高兴，说："就这样办吧。"子贡回去分别告诉吴王和田常事情已经办好了。

后来齐国和吴国真的打了一仗，吴国赢了，但是越国袭击了吴国，后来越王努力把吴国给灭了。

这个故事告诉我们要从别人的角度考虑问题，就跟我们今天说的一样，子贡从别人的角度看了问题，最后达到了解救鲁国的目的。

程门立雪

　　"程门立雪"这个故事出自《宋史·杨时传》："见程颐于洛，时盖年四十矣。一日见颐，颐偶瞑坐，时与游酢侍立去。颐既觉，则门外雪深一尺矣。"

　　"程门立雪"说的是宋代学者杨时和游酢向程颢、程颐拜师求教的事。杨时、游酢二人，原先以程颢为师，程颢去世后，他们都已四十岁，而且已考上了进士，然而他们还要去找程颐继续求学。故事就发生在他们初次到嵩阳书院，登门拜见程颐的那天。

　　时值隆冬，天寒地冻，浓云密布。他们行至半途，朔风凛凛，瑞雪霏霏，冷飕飕的寒风肆无忌惮地灌进他们的领口。他们把衣服裹得紧紧的，匆匆赶路。来到程颐家时，适逢先生坐在炉旁打坐养神。杨时二人不敢惊动打扰老师，就恭恭敬敬侍立在门外，等候先生醒来。这时，远山如玉簪，树林如银妆，房屋也披上了洁白的素装。杨时的一只脚冻僵了，冷得发抖，但依然恭敬侍立。过了良久，程颐一觉醒来，从窗口发现侍立在风雪中的杨时，只见他通身披雪，脚下的积雪已一尺多厚了，赶忙起身迎他俩进屋，而杨时和游酢却并没有一丝疲倦和不耐烦的神情。

这个故事，就叫"程门立雪"。后来人们常用"程门立雪"的成语表示求学者尊敬师长和求学心诚意坚。

曾子避席

　　"曾子避席"出自《孝经》，是一个非常著名的故事。曾子是孔子的弟子，有一次他在孔子身边侍坐，孔子就问他："以前的圣贤之王有至高无上的德行，精要奥妙的理论，用来教导天下之人，人们就能和睦相处，君王和臣下之间也没有不满，你知道它们是什么吗？"曾子听了，明白老师孔子是要指点他最深刻的道理，于是立刻从坐着的席子上站起来，走到席子外面，恭恭敬敬地回答道："我不够聪明，哪里能知道，还请老师把这些道理教给我。"

　　在这里，"避席"是一种非常礼貌的行为，当曾子听到老师要向他传授时，他站起身来，走到席子外向老师请教，是为了表示他对老师的尊重。曾子尊敬老师、以礼待师的故事被后人广为传诵，很多人都向他学习。

拓展阅读 ···

曾子杀猪

曾子深受孔子的教导，不但学问高，而且为人非常诚实，从不欺骗别人，甚至是对自己的孩子也是说到做到。

有一天，曾子的妻子要去赶集，孩子哭着叫着要和母亲一块儿去。于是母亲骗他说："乖孩子，待在家里等娘，娘赶集回来给你杀猪吃。"孩子信以为真，一边欢天喜地地跑回家，一边喊着："有肉吃了，有肉吃了。"

孩子一整天都待在家里等妈妈回来，村子里的小伙伴来找他玩，他都拒绝了。他靠在墙根下一边晒太阳一边想象着猪肉的味道，心里甭提多高兴了。傍晚，孩子远远地看见了妈妈回来了，他一边三步并作两步地跑上前去迎接，一边喊着："娘，娘快杀猪，快杀猪呦，我都快要馋死了。"

曾子的妻子说："一头猪顶咱家两三个月的口粮呢，怎么能随随便便就杀猪呢？"

孩子哇的一声就哭了。

曾子闻声而来，知道了事情的真相以后，二话没说，转身就回到屋子里。过一会儿，他举着菜刀出来了，曾子的妻子吓坏了，因为曾子一向对孩子非常严厉，以为他要教训孩子，连忙把孩子搂在怀里。哪知曾子却径直奔向猪圈。

妻子不解地问："你举着菜刀跑到猪圈里干啥?"

曾子毫不思索地回答："杀猪"。

妻子听了扑哧一声笑了："不过年不过节杀什么猪呢?"

曾子严肃地说："你不是答应过孩子要杀猪给他吃的，既然答应了就应该做到。"

妻子说："我只不过是骗骗孩子，和小孩子说话何必当真呢?"

曾子说："对孩子就更应该说到做到了，不然，这不是明摆着让孩子学着家长撒谎吗? 大人都说话不算话，以后有什么资格教育孩子呢?"

妻子听后惭愧地低下了头，夫妻俩真的杀了猪给孩子吃，并且宴请了乡亲们，告诉乡亲们教育孩子要以身作则。

虽然曾子的做法遭到一些人的嘲笑，但是他却教育出了诚实守信的孩子。曾子杀猪的故事一直流传至今，他的人品一直为后代人所称颂。

纪昌向飞卫学射

　　《纪昌学射》出自《列子·汤问第五》。甘蝇是古时一个著名的射箭高手。只要他一拉开弓，野兽就要伏在地上，飞鸟就要掉下来。甘蝇的弟子飞卫曾向甘蝇学射箭，学成之后，比师父的本领还高。后来纪昌要拜飞卫为师学射箭。

　　纪昌开始向飞卫学射箭的时候，飞卫对他说："你要先学会看东西不眨眼，尔后才能谈得上学射箭。"纪昌回家以后，按照飞卫的要求坚持练习。一天，他看见妻子织布时，织布机的两只脚踏板一上一下地活动，看着它不觉直眨眼。他觉得这是练习眼力的好机会，便每天仰卧在织布机下，睁大眼睛死死盯着那两块上下活动的踏板。如此坚持练习，达两年之久，直到妻子用锥子尖在他的眼眶边晃动，他的眼睛也不眨一眨。

　　到了这一步，纪昌便去告诉他的老师。飞卫却说："还不行。你必须学会看才能学会射。当你学会视小如大、视微如著的时候，再来告诉我。"纪昌遵照老师的教导，又回到家里，捉了一只虱子，用一根牛尾巴上的毛系住虱子，挂在窗户上。每天，纪昌目不转睛地对着它看。坚持十几天之后，他觉得虱子渐渐大起来；三年之后，小小的虱子在纪昌看来，竟然有车轮那样大了。再看其他的物件，仿佛是小山一般。纪昌一高兴，随手拿起一副强弓劲矢，瞄准悬在窗户上的虱子一箭射去，箭头正好射穿了虱子的正中，而那根牛尾毛却没有断。

纪昌再去见飞卫，告诉了自己练习眼力的进展情况。飞卫一听，高兴得手舞足蹈，哈哈大笑说："哎呀，你已经学会射箭了！"

纪昌学到了飞卫的本领，自以为除了飞卫之外，已经天下无敌了。因此，他便起了谋害飞卫的念头。有一次，他同飞卫在野外相遇，便搭弓引箭向飞卫射去。只见飞卫也拉开弓，射出一箭，这支箭飞出后，正好和纪昌射出的箭在中途相撞，两支箭都落在了地上，一连数箭，都是如此。最后，飞卫的箭已经用光了，纪昌却还剩有一支箭。纪昌暗暗自喜，将这支箭向对方射去，只见飞卫不慌不忙，用随身佩带的戟向飞来的箭挡去，戟尖与箭头相撞，不偏不倚。纪昌感到老师毕竟比自己高超一筹，于是幡然悔悟，拜倒在地。两个人都把弓丢在一旁，抱头痛哭，然后按照纪昌的请求，划破臂膀，滴血为誓，结成父子关系。

拓展阅读 ....

　　飞卫不仅是一位技艺高深的射箭能手，而且还是一位严肃认真有责任心的教育家。他谆谆教导，循序渐进，由浅入深，由低到高，把学射的最根本要领、自己的切身经验完全无私地传授给了纪昌。另一方面在教授技巧的同时，不断对纪昌进行了坚忍不拔、循序渐进、不避劳苦、不急求成、重视基本功的训练，展现了他图大成的严肃有方的治学态度和治学方法。从其最初对纪昌的谈话，到进一步提出"学视"的要求，到最后为纪昌手舞足蹈，展现了一位十分鲜明的贤良师表的高尚形象。

　　古之飞卫为师为后人作出表率：为人师者，一要严，教学态度要严肃，对学生要严格，要诲人不倦，不因自己学问高强，存丝毫懈怠苟且之心，更不可视学问为私财，存保守之念；为人师表二要善，教学方法对学生循循善诱，不因自己名望，有丝毫马虎大意之念，更不能存恐慌学子有成之心。

华佗隐名拜师

著名的汉末医学家华佗医术精湛，人称神医，但他从不自满，总是勤奋学习，虚心求教。

一位青年慕名到华佗处求诊。华佗把过脉后，看了看青年，犹豫地说："你患的是头风病，医治的药引子我这儿没有。""药引子是什么？"青年着急地问。"生人脑子。"华佗回答。青年人无可奈何地走出门去。

过了些日子，华佗在路上遇见这位青年，他风尘仆仆地担着百来斤重的稻谷去赶集。华佗奇怪地问："你的头风病好了吗？"青年人微笑着回答："好了，是一位老医生给治的！"然后，青年人边走边告诉华佗，经人介绍他到一个偏僻山村的老医生处治病。老医生没有用生人脑子做药引子，而是让他自己去找10顶经人戴过多年的草帽煎了喝。他遵照老医生的话做了，果然药到病除了，现已完全治愈了。

华佗闻听这番话，脸红了一阵，决心去拜老医生为师。为了把老医生的真传学到手，他扮成普通人，隐名埋姓在老医生门下从头学起，一学就是整三年时间。这期间没有一个人知道此人就是大名鼎鼎的华佗。

一天中午，华佗正与师弟在炼药，突然门外来了一位急症病人。师弟先迎出去接诊。谁知他很快返回屋内来找华佗商量让病人先回去。原来这天清晨老医生出诊中午还没回来，这位病人肚大如箩，脚粗像斗，痛苦万分，口口声声找老医生看病。华佗见病人的病情十分严重，就安慰地说："别着急，我来给你治。"随后，华佗取了药吩咐："这二两砒霜分两次用，千万不能一次服进。"病人走后，师弟连忙问："砒霜是极毒，你胆子真够大了，吃死人怎么办？"华佗不慌不忙地答道："他是患的膨胀病，必须以毒攻毒。"

谁知那位病人刚走到村口，便遇见老医生回来。他将刚才去看病并拿回药的事一一告诉了老医生。老医生心中吃惊，因为他这一秘方只有琼林寺老道人和华佗知道，连自己徒弟都没传过呢。他快步走回家，问是谁给刚才的膨胀病人接诊。华佗连忙承认是自己看的，并给了二两砒霜。经老医生再三询问，华佗只好道出了真实姓名和来拜师的初衷。

老医生感动不已地说："你名声那么大了，还到这小山村受苦，真太了不起了！"随即，把治头风病秘方传给华佗，并让他的学生们向华佗学习，做一名真正的医生。

吴道子广泛求师

吴道子是唐代著名画家，因他的画意气豪放，独具一格，被后人尊为"画圣"。

吴道子学画的第一位老师，是保寿寺的画匠。每天，吴道子总是早早来到作画场地，给师父准备好画具、颜料，然后站在师父身后，仔细看师父怎样勾画稿、放画样，怎样调色、着色，最后，再学着画。遇到不明白的地方，就向师父请教。由于吴道子谦虚好学，画技提高很快，几年后就达到了较高的水平。

一天，师父翻看着吴道子的画稿说："道子，如今你的技法已经超过了我。要想有更大的提高，就应该到外面去闯荡，去见世面。"并告诫他说："广泛求师，认真学习是应该的，但还要不拘成法、独辟蹊径，以形成自己的风格。"

遵照师父的指教，吴道子不辞辛苦，不分寒冬酷暑，四处访师学画。一次，他路过一家酒店，见里面十分热闹，凑过去一看，原来是著名的书法家张旭和贺知章正在酒后挥毫。只见张旭疾书行草，龙蛇狂舞，贺知章劲书狂隶，气势豪放。吴道子被他们精湛的书法技艺惊呆了！这时，他耳边响起了师父"不拘成法、独辟蹊径"的教诲，心想，若把书法与绘画结合起来，不就是"不拘成法"吗！于是，吴道子来到张旭和贺知章面前倒头便拜："两位老师在上，受学生一拜，道子愿随老师学习书法。"

吴道子的真诚感动了张旭和贺知章。从此，吴道子边练书法，边注意把学得的书法技艺融于绘画之中，首创了"兰叶描"技法。一年后，吴道子又拜别了二位恩师去了峨眉山，师法自然。功夫不负有心人！几年后，他集各派画家、书法家之长，果然独辟蹊径，创造了"泼墨写意山水法"，震动了画坛。

学有所成的吴道子，时刻不忘第一位老师的指教之恩，专程返回故里去拜谢师父。不料，师父已经去世。他跪在师父的坟前，献上自己的作品，大哭不已，还连叩三个响头，以谢师父当年的授艺之恩。

 拓展阅读 ....

吴道子（约680～759年），画史尊称吴生，又名道玄。

阳翟（今河南禹州）人。是中国唐代第一大画家，被后世尊称为"画圣"，被民间画工尊为祖师。吴道子的绘画具有独特风格，是中国山水画之祖师。他创造了笔简意远的山水"疏体"，使得山水成为独立的画种，从而结束了山水只作为人物画背景的附庸地位。所画人物衣褶飘举，线条遒劲，人称莼菜条描，具有天衣飞扬、满壁风动的效果，被誉为"吴带当风"。他还于焦墨线条中，略施淡彩，世称"吴装"。

吴道子性格豪爽，不拘小节，"每一挥毫，必须酣饮"，因此，经常是醉中作画。传说他描绘壁画中佛头顶上的圆光时，不用尺规，挥笔而成。在龙兴寺作画的时候，观者水泄不通。他画画时很快，像一阵旋风，一气呵成。

有一次，唐玄宗要看嘉陵江的景象，派吴道子去写生。吴回来后，要人准备了一匹素绢，用了一天时间，在大同殿上画出嘉陵江三百余里风光，令唐玄宗赞叹不已，认为和在此前不久另一位画家李思训用几个月工夫画成的嘉陵山水一样美妙。

张良与黄石公

张良，是西汉高祖刘邦的军师，他的祖先是韩国人。在秦灭韩后，张良立志为韩国报仇。有一次，因刺杀秦始皇未遂，受到追捕而避居到下邳。

张良在下邳闲暇无事。有一天他到下邳桥上散步，碰到一个老人，穿着粗布短衣，走到张良旁边，故意把他的鞋子掉到桥下。然后回过头来冲着张良说："孩子！下桥去给我把鞋子拾上来！"张良听了一愣，但一看他是个老人，就强忍着怒气，到桥下把鞋拾了上来。谁知那位老人竟又命令说："把鞋子给我穿上！"张良一想，既然已经给他拾来了鞋子，不如就给他穿上吧，于是就跪在地上给他穿鞋。那老人把脚伸着，让张良给他穿好后，就笑嘻嘻地走了。张良一直用惊奇的目光注视着他的去向。那老人走了里把路，又折回身来，对张良说："你这个孩子是能培养成才的。5天以后的早上，天一亮，就到这里来同我会面！"张良跪下来说："是。"第五天天刚亮，张良到了下邳桥上。不料那老人已经等在那里了，见了张良就生气地说："和老人约会，怎么迟到了？五天之后早上再来相会!"说完就离去了。到第五天早上,鸡一叫,张良就赶去,不想,那老人又先于自己,等在那里许久了。老人见了张良又生气地说:"怎么又掉在我后面了?过了五天再早点来!"说完又走了。到第五天,张良没到半夜就赶到桥上,等了好久,那老人也来了,他高兴地说:"这样才好。"然后他拿出一本书来,指着说道:"认真研读这本书,就能做帝王的老师了!过十年,天下形势有变,你就会发迹了。13年以后,你就会在济北郡谷城山下看到我——那儿有块黄石就是我了。"老人说完就走了。

早上天亮时,张良拿出那本书来一看,原来是《太公兵法》(辅佐周武王伐纣的姜太公的兵书)!

10年过去了,陈胜等人起兵反秦,张良也聚集了100多人响应。沛公刘邦率领了几千人马,在下邳的西面攻占了一些地方,张良就归附于他,成为他的部属。从此张良根据《太公兵法》经常向沛公献计献策,沛公认为很好,常常采用他的计谋,后来成了刘邦运筹帷幄、决胜千里的军师。刘邦称帝后,封他为留侯。

张良始终不忘那个给他《太公兵法》的老人。13年后,他随从刘邦经过济北时,果然在谷城山下看见有块黄石,并把它取回,称之为"黄石公",作为珍宝供奉起来,按时祭祀。张良死后,其家人把这块黄石和他葬在一起。

汉明帝为老师批孝送葬

　　汉明帝刘庄还是太子的时候，就对自己的老师、当时的议郎桓荣非常尊敬，从不摆皇太子的架子。

　　一次，桓荣老师病重在床，不能前来太子宫讲课，年轻的刘庄每天早晚都要派人前去询问病情，并且送去最好吃的东西。桓荣那时已60岁了，刘庄为了照顾他，遇到下雨，或者天晚，行走不便，就留老师在太子宫住。9年后，由于桓荣的悉心教导，刘庄成了当时出色的经学家之一。为了表达对老师教诲的感激之情，他亲自给桓荣写了一封信，殷切希望老师"注意饮食起居，好好保重身体。"刘庄即位当皇帝后，虽然处在唯我独尊的地位，但尊敬老师却一如既往，从不把桓荣当一般臣下看待。当时桓荣已80多岁了，明帝为了照顾他，首先免去了上朝奏事的礼节，让他在家里好好休养。为了能经常见到老师，继续向老师学习，并让桓荣教育更多的人，明帝常常带领百官和儒生到太常府去听桓荣讲解经义。到了桓荣家后，明帝亲自搀扶老师起坐，让他坐在东面，把自己仍放在原来当学生的地位。老师坐定后，明帝就叫侍从把几案摆在老师面前，明帝亲自手捧经书，带着百官及儒生侍立在老师面前，恭恭敬敬地听桓荣讲课。在学习中，有人向明帝请教，他总是很谦逊地说："太师在这里，我们好好听太师讲吧！"一到休息时间，明帝又亲自捧着从皇宫带来的点心到老师面前，请老师食用。

对桓荣的健康状况，明帝尤为关怀备至。只要一听说桓荣生病，明帝马上就派侍从带着名药和佳肴美味，前去慰问。后来桓荣一病不起，在弥留之际，特意写了奏章，向明帝谢恩，并请求归还他的爵位和封地。明帝看了奏章，知道老师的病情严重，就立即决定亲自前往桓荣家。

这天早晨，明帝下令免去朝仪，他连早饭都顾不上吃，就乘辇到太常府去。当御辇进入桓荣居住的小巷时，明帝怕惊动老师，就下辇步行。只见他忧心忡忡，愁容满面，双手捧着经书，轻脚轻手地走在前面，其余大臣和侍从，也默默地紧跟在后，这支不太长的队伍，缓缓地向前移动着。

这条小巷，不太宽，也不太窄，长却有一里路。两旁高楼庭院，多是官宦人家。他们听说当今皇上亲自来看望桓荣的病情，虽不敢走出门外，但男女老幼都早已聚集在门口、窗前。他们看到这种情景，都默不作声，肃然起敬。

到了桓荣家，明帝放松了脚步，慢慢来到桓荣的病榻前。看到生命垂危、肤色蜡黄、说话已含糊不清的老师，明帝忍不住流下了眼泪。他还不停地安慰老师要静心养病，争取早日康复。这样劝慰了一会儿，明帝不再说话，只是默默地站着，过了好些时候，才依依不舍地离去。

时隔一天，桓荣病故的消息就传到了皇宫。明帝这时怎么也抑制不住巨大的悲痛了，他当即吩咐内宫为他准备丧服，亲自到太常府去吊唁。到了太常府门前，没等侍从揭开辇帘，明帝已下了辇，急忙走了进去，径直来到了桓荣老师的灵枢前，流着泪行了礼，又亲自献上挽联。随后，转身对桓荣老师的亲属抚慰了一番，方才含悲离去。

世上至尊君亲师

清朝乾隆皇帝要给皇太子颙琰（即嘉庆帝）聘请一位家庭教师，就下旨在全国招贤，结果东北进士王尔立被选中。王尔立已70岁，德高望重，知识渊博，教学极为严格。

有一天，王尔立老师讲解《四书》。在讲授新课之前，王老师叫皇太子背诵昨天的课文。从小娇生惯养的颙琰，却心不在焉地望着窗外树上跳跃鸣叫的鸟儿，摇头晃脑、结结巴巴背不出来。王老师训斥说："学习不肯专心听讲，却两眼望窗外，如何学得成？背不出来就罚你跪在孔夫子圣位前。"颙琰哭丧着脸，只得乖乖跪在孔子圣位前的地上。这时候碰巧皇后娘娘路过书房，看见皇太子跪在地上有点心疼，就进书房去向王老师求情，王尔立只好让颙琰站起来，小皇子高兴地回到书桌旁坐下。

第二天早晨，王尔立来到金殿叩见乾隆皇帝说："罪臣王尔立禀奏圣君，臣无才难教导皇太子，请求辞职还乡。"乾隆感到不解，就问原因何在。当乾隆得知皇后娘娘违背师意，为颙琰求情之事后，龙颜大怒，立即在金殿当众宣布说："世上至尊君亲师。读书

为学，一切要听从先生的话，他人不得干预。今立新规：娘娘免进

书房，违者斩!"说完，乾隆还嘉奖了王尔立。这样，王先生留下来

继续任颙琰的老师，使颙琰获益匪浅。

宋太祖重文尊师

宋太祖（927—976），即赵匡胤，涿州（今河北涿县）人，宋王朝的建立者。公元960—976年在位。

赵匡胤出身于一个官僚家庭。他的父亲是后唐骑兵中一个中级指挥官。赵匡胤出生的时代，正值政局混乱的五代时期。那时，出于战争的需要，人们普遍崇尚武术，轻视读书。赵匡胤小时候，就和一般公子哥不同，既崇武，又重文。七岁时入了私塾读书，学习非常刻苦，成绩总是名列前茅。他的老师叫辛文悦，是个知识渊博的人。老师特别喜欢他，他也十分尊敬老师。

那时候，学生常常捉弄老师。有一天，劳累的辛老师竟趴在书案上打起盹来。两个好恶作剧的学生偷偷地溜出教室，从后园中捉了只螳螂放在了辛老师的肩头上。螳螂舞动着长腿，一步步向上爬着，眼看着就要爬到辛老师的脖领里。学生们不再读书，新奇地看着，不时地发出"嘻嘻"声。赵匡胤看到学生这样不尊重老师，十分气恼，狠狠瞪了那两个学生一眼，便轻手轻脚地来到老师跟前，把螳螂捉了下来。恰巧这时候老师醒了，看见赵匡胤手里捏着只螳螂，以为他在捣蛋。气得上气不接下气，冲着他喊："真乃顽童，岂能容汝。去也!"赵匡胤什么也没说，流着眼泪退出课堂。

后来，辛老师从别的学生嘴里得知真相后，心里很不平静。他把赵匡胤找到身边赔罪说："汝无错，师之过也!"

从此，辛老师更加器重赵匡胤，赵匡胤也更加刻苦学习。他跟辛老师学了很多别人学不到的知识。

"陈桥兵变"后，赵匡胤当了皇帝。做皇帝后，他没有忘记恩师，派人把老师接到朝中。辛老师一见当朝皇帝，就要行君臣大礼，赵匡胤忙跪拦道："愧煞我也，学生理应拜先生! 我永远是您的学生啊!"辛老师感动得热泪盈眶，决定应赵匡胤之邀，留在朝中，效忠大宋王朝。

从此，宋太祖赵匡胤重文尊师的美德誉满天下，人们纷纷效仿他。一时间，崇尚学习，尊敬师长，成为风气。

拓展阅读

开卷有益的故事

宋太祖赵匡胤建立宋王朝的时候，各地还存在着一些割据政权，统一全国的任务，直到他的弟弟赵光义当皇帝后才完成。赵光义即位后改名赵光灵，史称宋太宗。宋太宗统一全国后，立志弘扬传统文化，下令整理各种古籍。同时，又重视各种古代文化资料的收集。在太平兴国年间（976—984年），下令编纂《太平广记》《太平御览》和《文苑英华》三大类书，从而为保存和发扬我国的文化遗产，作出了重要的贡献。

宋太宗赵光义首先命文臣李防等人编写一部规模宏大的分类百科全书——《太平总类》。这部书收集摘录了1 600多种古籍的重要内容，分类归成55门，全书共1 000卷，可以说它是北宋前文化知识的总汇，是一部很有价值的参考书。这部书是宋太平兴国年间编成的，故定名为《太平总类》。对于这么一部巨著，宋太宗感觉自己作为一国之主，很有必要亲自去阅读一番。于是宋太宗精打细算，这么大一本书自己每天至少要看三卷，这样一年内就能全部看完。宋太宗每天上朝，批阅奏折剩下的时间就看《太平总类》，自己认为重要的地方就多浏览几遍，以加强记忆。时间一天天地过去了，到了岁末，宋太宗也把《太平总类》看完了，心里很高兴。由于宋太宗把《太平总类》整整看了一年，就把它更名为《太平御览》。

当宋太宗下定决心花精力翻阅这部巨著时，朝中的大臣们都劝他不要花太多的精力看，保重身体重要。别的人也觉得皇帝每天要处理那么多国家大事，还要读这么厚的书，太辛苦了，就去劝告他要少看些，也不要每天都看，以免过度劳神。可是，宋太宗却说："我很喜欢读书，从书中常常能得到乐趣，多看些书，总会有益处，况且我并不觉得劳神。"于是，他仍然坚持每天阅读三卷，有时因国事忙耽搁了，也要抽空补上，并常对左右的人说："只要打开书本，总会有好处的。"臣子们看见皇上每天辛苦劳累的样子很心疼，但也没办法。

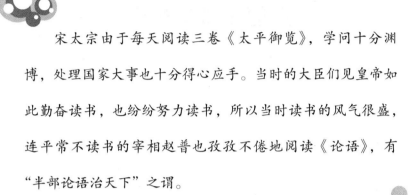

　　宋太宗由于每天阅读三卷《太平御览》，学问十分渊博，处理国家大事也十分得心应手。当时的大臣们见皇帝如此勤奋读书，也纷纷努力读书，所以当时读书的风气很盛，连平常不读书的宰相赵普也孜孜不倦地阅读《论语》，有"半部论语治天下"之谓。

黄遵宪尊师有礼

天空阴云密布,正下着毛毛细雨,从嘉应州衙门抬出两顶官轿,穿街过巷,直奔"人境庐"而来,这是嘉应州官陪同清廷道员黄遵宪回故居。只见轿子在离卖柴坪还有一箭之远的地方停下了,原来是黄遵宪看见自己的老师黄传恕站在家门口,便连忙命令轿夫停轿。

黄传恕是黄遵宪幼年读书时的私塾老师。黄遵宪下轿后步行到老师面前,向老师问好,州官也跟着上前去问好。乡亲们看到后都称赞黄遵宪尊师有礼貌。

黄传恕老师家境贫寒,但他为人清高、安贫乐道,从不肯轻易向人借钱。有一年嘉应州发生灾荒,米价、柴价猛涨,黄先生生活困难,家中揭不开锅,他不便开口借钱,便写了两首打油诗,叫人送给黄遵宪,诗中写道:"一间茅屋半间堂,两袖清风发已苍。喜种庭前云秀竹,莫惹蜂蝶过门墙。""深夜老鼠闹煞人,串户穿墙觅食寻。桌上只有笔和墨,箱中唯有圣贤书。"黄遵宪读诗后,知道老师缺米少柴,生活十分困难,马上就派人给老师送去白银200两,以解黄老师的燃眉之急。在这以后，黄遵宪还定期给黄老师送钱送物，好让老师安度晚年。

拓展阅读 ．．．

黄遵宪（1848～1905），晚清诗人，外交家、政治家、教育家。字公度，别号人境庐主人，历充师日参赞、旧金山总领事、驻英参赞、新加坡总领事，戊戌变法期间署湖南按察使，助巡抚陈宝箴推行新政。工诗，喜以新事物熔铸入诗，有"诗界革新导师"之称。被誉为"近代中国走向世界第一人"。

黄遵宪在短短的58年生涯中，游历日、英、法、意、比、美及新加坡等西方国家共13个年头，亲身感受到扑面而来的西方文化浪潮，他站在中华民族自强不息的高度，理性地把握世界的潮流和中国的国情，积极主张维新变法，在维新变法失败后，他却矢志不渝，坚信"滔滔江水日趋东，万法从新要大同"的革新之道。100多年过去了，今天缅怀起这位客家先贤的远见卓识，仍然令人肃然起敬！

赤诚一颗学子心

东汉南阳，物产丰富，人杰地灵。郭林宗汗牛充栋，熟读各家典籍，乃是远近闻名的大儒。魏昭在都城洛阳做官，早年在太学上学的时候，他就已经听闻郭林宗的大名。尽管郭林宗远在南阳，路途遥远，魏昭也定要拜他为师。

魏昭挑选了一个吉日就上路了，前往南阳拜郭林宗为师。

"请问郭大人在家吗？"魏昭到了南阳就直奔郭府拜访。

"郭大人近日身体不适，谢绝会客。"下人道。

"我家老爷千里迢迢赶来，就是为了见郭大人一面，劳烦你给通报一声。"随从说道。

于是，郭府的家仆就去通报了郭大人。郭林宗听闻都城来人，很是兴奋，就问来者何人。

家人禀报，来人是府尹魏昭大人。

提起魏昭，郭林宗并不陌生。因早在魏昭小的时候，就以神童著称。据说，魏昭绝顶聪明，对于所有的诸子经典都是过目不忘。11岁时，就入太学学习。15岁时，就被朝廷任命官职。尽管魏昭的名气很大，可是，郭林宗还是决定要考验一下魏昭的诚意。于是，他故意说："不见，我谁也不见。"

得到家仆的答复后，魏昭的随从忍耐不住了，他愤然地说道："老爷，其乃一介草民，不足挂齿，老爷不必为此伤神动气。"

"此话差矣。郭大人乃是名震四海的大儒，你岂可在这胡言乱语，诋毁郭大人。我要在这里等候，待郭大人病好后一定会见我的。"

就这样，魏昭和随从在郭府门前等了三天。家仆禀报给郭林宗，他为之动容，立即请客人入府晋见。魏昭喜出望外，走进郭府，看到这里典章成册，书香浓郁。

"在下听说郭大人饱读经典，学富五车，十分景仰，特此前来拜访。"

"岂敢岂敢，郭某才疏学浅，对典籍只略知一二。鄙人尽能教授皮毛，还请魏府尹多多包涵。"

"多谢恩师。"魏昭连鞠三躬。

当时，郭林宗重病在身，常年与中药为伴，为了考验魏昭的诚心，郭林宗继续给魏昭出难题。魏昭已进府四五天了，郭林宗还没有教授一次。

一日深夜，郭林宗咳嗽不止，家人赶紧为他熬药。而郭林宗却拦住下人，并说："让府尹大人来。"

魏昭见此，赶紧接过药罐为老师熬药，并亲自端药给老师服用。

"太烫了，端下去重熬！"

魏昭二话没说，又重熬了一遍。

"太苦了，重熬！"郭林宗脸色乌黑。魏昭的随从又忍不住了，"老爷，不要再求学了，此人过分至极，我等应立刻返回都城。"

"休得胡言。"魏昭又第三次熬药，并端到老师的床头，请老师服用。

这回，郭林宗真的感动了，"魏府尹，以往那些求学者，他们的求学之心并不真诚，有的敷衍与我，只是为了徒有名声罢了。可是，今日与君相见，才知君诚心一片。鄙人愿意为君之师，教授先秦诸子经典。"

不久，他正式收魏昭为徒，把毕生所学全都传授给了他。

唐太宗教子尊师

唐太宗李世民是个开明的国君，他不仅把国家治理得繁荣昌盛，而且是教子尊师的典范。

唐太宗认为：人的好坏，与教他的老师及所接触的人有关，因此他十分注重儿子的教育培养，为他们挑选知识渊博、德高望重的人做老师，并且教育他们一定要尊重老师。

有一天，皇宫内院东宫门前来了一乘大轿。太监们以为一定是哪位皇妃、皇子，可谁知，轿帘一挑，里面走出来的竟是太子太保李纲。这还了得，在皇宫内院一般朝臣是不准坐轿的，否则就是犯了死罪。再看李纲，下轿之后还有两人搀扶，而且太子李承乾也迎上前去躬身施礼。原来，李纲是皇太子的老师，今天脚受了伤，行走不便，唐太宗就特许李纲坐轿进宫。

唐太宗还经常关心几个儿子的学业，注意他们对老师的态度。有一次，四皇子李泰不听老师训教，还顶撞老师。这事被唐太宗知道了，他当即把李泰叫来，又请来李泰的老师礼部尚书王圭，让李泰当面向老师认错，并且告诫李泰，从今以后，对老师要如同对待父皇一样。四皇子李泰听了父亲的训话，懂得了尊师的道理，每次上课都毕恭毕敬地拜迎老师。

唐太宗教子尊师的故事，在官民中很快传扬开来，人们纷纷仿效。

不畏劳苦千里寻师

李白在晚年的时候很不得志，他怀着一颗愤懑的心漫游祖国的大好河山，写诗饮酒。

一天清晨，李白像往常一样，来到县城街道的一家酒店买酒喝，突然看到柴草行里有人在问话："老人家，你这么大的岁数怎么挑了这么重的柴草啊，你家住哪里啊？"回答的却是一阵爽朗的笑声，接着便吟诗一首：

负薪朝出卖，沽酒日西归。

借问家何处？穿云入翠微！

李白听了，不禁一惊，忙问酒家这是何人随口便能吟诵出这样的诗句。酒家告诉他，这位老翁叫许宣平，他恨透了官府，看透了世俗，于是隐居山林，但是谁也不知道他住在哪一处山林中。最近这些日子，老翁经常出现在集市上，早出晚归。每天天一亮，他就挑着柴担进镇，柴担上还放着酒葫芦和曲竹杖。柴卖掉了就打酒喝，喝醉了酒吟诗，一路走一路吟。过路的还以为他是疯子呢！李白心想，这不是和自己有着一样的诗狂吗？他马上转身出门，却寻不到老翁的身影。

第二天一早，李白就到了柴草行的门口等候老翁，可是一直等到太阳西下也未见到老翁的身影。第二天，第三天，第四天，天天如此。第五天一早，李白背起酒壶，带上干粮上路了。他下定决心，一定要找到这位老翁，否则死也要死到这片山林里。李白翻过座座开满野花的山冈，踏过条条水流湍急的溪流，拨开丛丛荆棘遍布的丛林，找了一个多月，却依然未见老翁的身影。这时，李白有点泄气了，想要放弃，却突然想起了儿时遇到的那位老婆婆的教诲："只要功夫深，铁杵磨成针。"要想找到老翁，就要看自己有没有毅力了。想到这里，李白振奋精神，重新上路。饿了就吃野果，困了就躺在岩石上休息，就这样又过了数日。

突然有一日黄昏，李白拖着疲惫不堪的身躯，一瘸一拐地来到了紫阳山下。转过山口，只见山脚下立着一块石牌，上面还刻着字。李白忘记了疲惫和疼痛，一下子扑了过去，想看个究竟，原来上面刻着的是一首诗：

隐居三十载，筑室南山颠。

静夜玩明月，闲朝饮碧泉。

樵夫歌陇上，谷鸟戏岩前。

乐矣不知老，都忘甲子年。

连读三遍，李白失声叫道："妙哉！妙哉！真是仙人之声啊！"心想，自己也跟诗打过几十年的交道，但这样散发着野花香味的诗作还是头一回领略。回转身，李白看到了岩石边堆放了一堆稻谷，推测，这定是许宣平老翁晒的，于是，李白索性席地而坐，一边欣赏美丽的景色，一边等待老翁的到来。

不一会，天黑了，李白忽然听到山下传来阵阵击水声，循声望去，只见从山下的小河对岸划来了一叶小舟，一位须发飘飘的老人在船头拨桨。

李白上前问道："老人家，请问，许宣平老翁家在何处？"岂知，这位老者便是李白要找的许宣平老翁。上一次，老翁看到李白身着御赐锦袍，以为是朝廷的人，老翁不愿再受官场的叨扰，没料想这人竟然跟踪而来。于是，老翁便答："门口一竹竿，便是许翁家。"李白抬眼望了望郁郁葱葱的山峦，又问到："处处皆青竹，何处去找寻？"老人看着风尘仆仆的、满脸汗水的客人，反问道："你是谁？""在下李白。"说着又深深地鞠了一躬。老翁愣住了："你是李白?"李白说明了自己的来意。

老翁一听,双手一拱:"你可是诗仙啊!我算得了什么呢,不过是诗歌里的一滴水吧。你这大海怎么来向一滴水请教呢?实在是不敢当啊!"说完,撑起船就要往回走,李白一把拉住老翁的衣袖,苦苦哀求道:"老人家,已经过去三个月了,我风风雨雨到处找你,好不容易见到了老师,难道您就要这样打发我回去吗?"李白这番真挚的话,打动了老翁,两人对视了许久,老翁一把拉住了李白,一块跳上了小船……

读书为明君

康熙帝玄烨是顺治帝福临的第三子。在位61年，对巩固清朝统治起了很大作用，出现了"康乾盛世"。

康熙帝很有才华，是与他受到良好教育分不开的。顺治非常注意对康熙的教育，精心为他选派老师。一天上朝福临提出一个问题："龙的耳朵小，象的耳朵大，出于何典？"掌管御书楼的彭尔述奏道："此典出于《古藏经》十三篇。"福临命人查对，果然如此。于是决定请彭尔述为太子的老师。彭尔述被请到后宫见了太后，彭尔述说："臣才疏学浅，不胜此任。"但圣命难违，就这样当了太子玄烨的老师。

康熙很聪明，也很贪玩。过了一段时间就学腻了，一会儿去捕蝴蝶，一会儿捉蜻蜓，一会儿又和其他弟兄去捉迷藏……完不成老师布置的作业。彭尔述管教几次，收效不大。彭尔述想：这样下去将一事无成，决心严加管教，令其跪读。

正好这时太后从书房前路过，看到室内无人，细看康熙挨罚，在圣人像前跪读。顿时产生怜爱之心，令其站起，并说道："读书亦为君，不读书亦为君。"彭尔述当仁不让，接着说："读书为明君，不读书为昏君。"太后一怔，又令其跪读。

晚上传旨令彭尔述到后宫。彭尔述想，顶撞了太后，即为不尊不敬，肯定要受处罚。于是告诉家人做好思想准备："我如不按时归来，即遇难。"并安慰家人说："这不算什么？大不了人头落地。"

到了后宫，太后亲自到门外迎接，并赐座献茶。太后说："万岁爷让我向你道歉！今日设便宴作为答谢！"彭尔述很感动，对福临的尊师重道铭刻在心，以后更加精心地教育康熙，终于使他成为一代明君。

拓展阅读

博学多才的康熙帝

康熙皇帝不仅是中国历史上善于治国的为数不多的伟大政治家，还是多才多艺的学者。钱宗范在《康熙》中说："他一生勤奋好学，博览群书。自然科学方面的数学、天文、历法、物理、地理、农学、医学、工程技术；人文方面的经、史、子、集；艺术方面的声律、书法、诗画，他几乎都有所研究。他写出了八九十篇关于自然科学方面的论著，亲自审定了多种历史方面的书籍，还精通多种民族语言。

康熙皇帝很小的时候就刻苦读书。每天读书竟达十余小时之多。至青年时，读经、史、子、集已滚瓜烂熟。特别可贵的是，他成年以后，在治理国家的实践中，知道了自然科学的重要，便苦学起自然科学来。据史书《正教奉褒》记载：他亲自召见外国传教士中明白自然科学的徐日升、张诚、白进、安多等人，请他们轮流到内廷养心殿讲学。讲学内容有：量法、测算、天文、历法、物理诸学。就是外出巡视，他也邀请张诚等人随行，每天工作空闲的时候，请他们到处讲学。

皇帝对数学很感兴趣，因此，他每天都要学习两三个小时。此外，在内室里，无论昼夜，皇帝都日益把更多的时间用于钻研数学。康熙皇帝一向厌恶衰萎不振、庸庸碌碌的生活，因此，即便他工作到深夜，次日早晨仍然起得很早，这使得大臣们经常要尽早进宫谒见皇帝。但仍然有好几次大臣们还未动身时，他传召臣子们进宫的谕旨就已经到达了，有时这只是为了让大臣们审阅他在前一天晚上所做的数学题。皇帝总是抱着浓厚的兴趣要把数学应用于实际，也会练习数学仪器的操作，康熙皇帝的勤勉好学，不得不让人钦佩。康熙皇帝由于研究西欧科学的好学心，对圣教也产生了兴趣。在传教士们大讲西欧科学的时候，皇帝通过与南怀仁神父的闲谈，了解到了关于天主教的初步知识。于是，传教士们特地向皇帝敬献了几种关于天主教的书籍，其中包括著名的耶稣会士利玛窦的名著《天主实义》。皇帝浏览了这些书籍，对《天主实义》表示了特别的敬意，并将这部书留在身边，抽时间刻苦阅读，六个多月就把它看完了。

康熙皇帝自己在学习方面的心得就是：对于刻苦学习知识，他从未感到过苦恼。他颇有感触地追述，自从他的少年时代起，为了学到更多的知识，他磨炼了坚韧不拔的毅力，并培养了专心致志的学习习惯。

剃度求师

叶天士是清代的名医。他一生对医学孜孜以求，笃信"三人行，必有我师"的古训。不管什么人，只要有一点所取，他必不惮辛劳，必欲得之而后快。他一生拜师无数，博采众长，从不囿于门户之见。他的老师有长辈，有同行，有病人，有道士，有和尚。可谓"师门深广"，确实令人肃然起敬。

康熙年间，浙江有一个孝廉，和同学们结伴进京会试。船到姑苏，孝廉病倒了。同伴用轿子把他送到名医叶天士家去诊治。叶天士诊视良久，告诉他："你的病没什么大碍，不过是偶感风寒而已，一剂药即可痊愈。你这是要去哪里呢？"孝廉说："去会试。"叶天士说："你哪里也不要去了，我从你的脉象看出，很快你就会得上消渴症的，这种病无药可救，你的寿命不会超过一个月了，赶快回家，去料理后事，还来得及。"说完，给孝廉开了一剂治风寒的药方，并把孝廉的脉象记入了医案。

孝廉回到船上，愁眉苦脸，准备和同伴告别回家。同伴说："这都是医生骗财的惯用伎俩。他不过是个医生，又不是神仙，怎么能决人生死？不必理他。"第二天，孝廉吃完药，风寒就好了，在同伴的怂恿下也一同启程北上，然而心里总感到很悲伤。

船到江口，遇大风不能前行，同伴就邀孝廉一同去游金山寺。在寺门墙上，挂着一块"医僧"的牌子，孝廉走进僧舍，让老僧为他诊治。老僧问："居士这是要去哪里？"孝廉说要去会试。老僧皱眉答道："恐怕来不及了，你前去登陆消渴症就会暴发，寿命不会超过一个月，为什么还要远行呢？"孝廉马上哭泣了起来说："真如叶天士所说啊。"老僧说："叶天士说什么了？"孝廉说："叶天士说此病将发，无药可治。"老僧笑道："呵呵，药如果不能治病，圣人何必留下医道？"孝廉听出话外之音，马上跪下求救。老僧告诉他："你前去登陆时，有一个叫王家营的村子，盛产秋梨，你买它一车子，渴了就以梨代茶，饿了就蒸梨做饭。你吃个大约百十斤，就会好了。怎么能说无药可治呢？简直是误人性命。"孝廉拜谢而退。

登陆后，果然消渴病大作，孝廉按照老僧所说，以梨作餐饮。到都城后，身体逐渐好了起来。考完不中，随即返乡，为答谢老僧活命之恩，路过金山寺时拿了二十两黄金和京城的一些土产去拜见老僧。老僧收下了土产，退回了黄金，并告诉他："你到姑苏后，再去找叶天士，让他再给你看看，如果他问你是谁治好了你的病，你就告诉他是老僧，就算是报答我了。"

孝廉到姑苏后，果然又去找叶天士，让他给自己看病。叶天士早已忘记此事，看过脉后，告诉他："你没病啊。"孝廉提醒叶天士："我就是你说的那个必得消渴症，只有一月寿命的孝廉。"叶天士让徒弟查医案，果有此事。惊讶道："你遇到神仙了吗?"孝廉告诉他，是老僧治好了他的病。叶天士说："我知道了，你回去吧。"孝廉走后，叶天士摘掉了行医的匾牌，遣散了徒弟，埋名更姓，穿一身旧衣服，驾一叶轻舟，来到金山寺，要求拜老僧为师，学习医术，老僧收留了他。

叶天士时刻不离老僧左右，认真观察老僧的治病方法。过了几个月，见老僧治了几百人，也没什么特殊的地方，就告诉老僧"我有所悟了，如果再有病人，我试着开开方，好吗?"老僧说："可以啊。"等再有病人了，叶天士开一方，给老僧看。老僧说："你的学问和姑苏叶天士差不多，为什么不自立门户，而来依附老僧呢?"叶天士说："弟子怕像叶天士那样误人性命，所以必须精益求精，万无一失，方可治病救人。"老僧大加赞赏："善哉，善哉，就凭这一点，你比叶天士强多了。"

一日，来了一个病人，肚子大的像怀了孕，家人告诉老僧："病人腹痛好几年了，现在更厉害了，一点也不能进食了。"老僧看完后，让叶天士再去诊视，然后开方。叶天士看完后，开的方里有白信（砒霜）三分。老僧笑说："你现在不及我的，就是太过谨慎了。此方需用白信一钱，这个病就根除了。"叶天士大惊说："这个人患的是虫疾，用白信三分足可以杀死虫子了，白信是剧毒药，用得多了，人怎么受得了？"老僧说："你虽然知道是虫疾，但你不知道虫子的大小。此虫已经长到二十寸长了，如果只用三分白信，虫子不过是暂时昏厥过去，并不能致它于死地，以后必然复发，到那时它就会产生抗药性，就无药可用了。用一钱，虫子立死，永绝后患。"叶天士深有感触。老僧马上让侍者拿出白信，送入病人口中，并给家人说："赶快回去吧，到晚上必然会拉出死虫，到时候拿来让我徒弟看看。"果然，晚上家人挑着一条二尺来长的赤色虫子。病人已开始进食。老僧让家人用人参、黄芪熬粥让病人吃，病人三天就好了。

叶天士心悦诚服，告诉了老僧自己的真实姓名，并虚心向老僧求教。老僧感念叶天士的真诚，倾其所有，以教天士，并把自己多年的医案送给天士。此后，叶天士的医术大进。

叶天士当时已是名医，但他并没有自以为是，唯我独尊。他摒弃"同行是冤家"的陋习，放下架子，虚心求教，让医术精益求精。叶天士还十分重视医德，去世时谆谆告诫子弟说："医可为而不可为。必天资敏悟，读万卷书，而后可借术以济世。不然，鲜有不杀人者，是以药饵为刀刃也。"

拓展阅读

叶天士和温病学

温病学是研究温病的发生发展规律及其诊治和预防方法的一门临床学科，是学习中医必修的基础课程之一，占有十分重要的地位。

温病学起源于战国时期的《内经》，到秦汉晋唐时期，温病皆隶属于伤寒范围。经过两宋金元时期的变革发展，温病始脱离伤寒藩篱；时至明清，才逐步总结出一套完整的理论体系和诊治方法，从而形成一门新兴的临床学科。

清代温病学的发展已盛行大江南北，叶天士、薛生白、吴鞠通、王孟英等医家使温病学趋于成熟。其中叶天士是温病学发展史上的杰出代表，有"温热大师"之称。叶天士的《温热论》是他的学生据其口授整理而成，是温病学理论奠基之作。叶天士的最大贡献，是建立了温病学的独立体系。可以说没有叶天士的贡献，就没有今天的温病学。

冯玉祥将军尊师重教

冯玉祥将军是我国现代史上一位杰出的爱国主义将领、著名的军事家和政治家。在他的一生中，读书好学、尊师重教，已成为这位传奇人物的一大特色。

冯将军拜师求学，特别心诚。他听课十分用心，不仅做笔记，而且还特别爱提问，所以老师教课也十分认真。

一位做秘密工作的地下共产党员刘思慕先生，被国民党通缉捉拿，请求冯将军保护。冯将军满口答应，并请刘先生教他学英语。后来形势严峻，冯将军又秘密将刘思慕一家送到了安全之处，还派人带了一笔经费，护送刘思慕一家到山东烟台，又乘船去了广州。不久，刘思慕去了日本，冯将军依然接济他们一家，直到抗战开始。

冯玉祥将军对请来给他讲课的教师，都是每月按时送工资的。可是跟随冯将军的西北军军官，不论过去官职多高，都是没有工资的，有时只是发点零用钱。当有的老师知道这个情况后，表示也不要工资，冯将军便总是在老师们授课完毕、即将离去的时候，亲自双手捧着一只装有钞票的信袋送上去，并说："先生是我聘来的，这是我当学生的一点点敬意。"

冯将军的家乡在安徽巢县。他想在家乡办一所学校，解决那里的孩子们的上学问题，于是给县里的一位乡绅葛新斋写了一封信。1935年夏天，葛新斋接信后立即去泰山面见了冯将军，一起商谈了办学的具体事情。经费问题，冯将军答应每年送去他的个人捐款；校舍问题，可利用冯家祠堂的40多间房子办起来；师资问题没有着落，冯将军就亲笔写了信，让葛新斋去上海找陶行知先生帮助解决。

学校很快办起来了，因家乡有座园山，所以命名为"园山小学"。这所学校不但不收学费和书费，反而还发衣服给学生。后来，冯将军又出资把祠堂前的几十亩地买下来，从而扩大了学校的规模，为家乡人民办了一件大好事。

冯玉祥生平读书十分用功，他当士兵时，一有空就读书，有时竟彻夜不眠。晚上读书为了不影响他人睡觉，就找来个大木箱，开个口子，把头伸进去，借微弱的灯光看书。冯玉祥担任旅长时，驻军湘南常德，规定自己每日早晨读英语两小时，学习时，关上大门，门外悬挂一块牌子，上面写"冯玉祥死了"，拒绝外人进入。学习完毕，门上字牌则换成"冯玉祥活了"。

冯玉祥对不遵守时间的人深恶痛绝。汪精卫经常不遵守时间，一到开会不是缺席就是迟到。冯玉祥满腔怒气，编成一副对联给他送了过去：一桌子点心，半桌子水果，根本就不知道民间疾苦；两点钟开会四点钟到齐，哪把革命精神放在心上。当年冯玉祥有个军事顾问叫乌斯马诺夫。他对西北军的事特别感兴趣，经常向冯玉祥问这问那。开始问一些西北军的一般情况，渐渐涉及更多的问题。一天乌斯马诺夫又向冯玉祥问一些事，冯玉祥很不高兴，说："先生，你知道在我们中国，'顾问'两个字是什么意思吗？"乌斯马诺夫摇了摇头："不知道。"冯玉祥回答他说："顾者，看也，问者，问话也。顾问者，就是当我看着你，有话要你回答的时候，你答复就是了。"

抗战时期，冯玉祥在重庆市郊的歌乐山居住，这里大多数是高级军政长官的住宅。在此地由于普通老百姓没有胆量担任保长，冯玉祥遂自荐当了保长。因他对人很热心，服务又周到，受到居民的好评。

有一天，某部队一连士兵进驻该地，连长找保长要借用民房、桌椅用具，因为对用具不满意而横加指责。冯玉祥身穿蓝粗布褂子，一块白布缠在头上，这是标准四川农民的装束，他见连长正在那发泄怒火，便弯腰深深一鞠躬，说："大人，你们辛苦了！今天我们这住了许多当官的，有些事情的确不好办，多需担待。"连长一听，大怒道："你敢教训我！你这个保长还想不想当了？"冯玉祥微笑着说："不敢，我以前也当过兵，我们都是靠自己勤劳的双手维持自己的生活，从来不轻易打扰老百姓。"连长问："你还干过什么？""排长、连长也干过，营长、团长也干过。"那位连长起立，略显客气地说："你还干过什么？"冯玉祥很镇定地说："师长、军长也干过，总司令我还干过几天。"

连长细看这个又高又壮的人物，突然如梦初醒，双脚一并："你是冯副委员长？部下该死，请副委员长处分！"冯玉祥再一鞠躬："大人请坐！"那个连长接着说："冯副委员长自学成才的故事，我们早已听说过，我们应该向您学习呀！下次军队临时驻扎，我们一定自力更生！"

毛泽东尊师佳话

毛泽东于1893年12月26日诞生在湖南湘潭县韶山。他领导中国人民推翻了"三座大山"，迎来了新中国。在中华人民共和国成立初期，身为共和国主席的毛泽东日理万机，却仍惦念着在南方的老师徐特立，还特地发电报邀请他到北京做客。

徐老到中南海后，毛泽东专门备了几样家乡菜为老师接风洗尘：一碗湘笋、一碗青椒，这是两人都爱吃的菜。

"没有好菜吃。"毛泽东抱歉地说。

"人意好，水也甜嘛！"徐老爽朗地笑着答道。

入座时，徐老对毛泽东说："您是全国人民的主席，应该坐上席。

"您是主席的老师，一日为师，终身为父，您更应该坐上席。"毛泽东马上谦让道，硬是让徐老坐了上席。

几天后，二人话别，毛泽东见徐老的穿着还像当年那样简朴，就把自己的一件呢子大衣送给徐老，还拉着老师的手，送了一程又一程，依依不舍。

徐老接衣在手，激动不已，老泪纵横。回到家后，他把大衣交给老伴收藏起来，只在庄严的场合才舍得穿。

1959年6月25日，毛泽东回到阔别32年的故乡韶山，特意邀请自己在私塾读书时的毛宇居老师一起用饭。席间，毛泽东热情地向老师敬酒，毛老师感动地说："主席敬酒，岂敢岂敢！"毛泽东却笑吟吟地回答："敬老尊贤，应该应该！"

毛泽东对湖南第一师范的老校长张干的深情厚谊更是被传为佳话。1950年10月5日，毛泽东在中南海住所邀请原湖南省立第一师范学校的老师和同学王季范、徐特立、熊瑾玎、周世钊和谢觉哉等人吃饭。席间谈起了几十年前的往事，自然就说到了张干。就在这次饭后，毛泽东写信给当时主持湖南省工作的王首道，要求省政府每月给予张干若干津贴米，供资养老。于是，1 200斤救济米和50万元（旧币）人民币很快送到了张干家。毛泽东还亲自写信表示对张干"生活困难情形，极为系念"。更令张干欣慰的是毛泽东邀请他到北京住了两个月，向子女介绍说这是自己的好老师。在京期间游览京津名胜古迹，登上天安门观礼台，乘坐飞机鸟瞰长城和首都风光，卫生部副部长受毛泽东之托亲自为张干等师友检查身体。毛泽东还用自己的稿费买了许多生活品相送。临别时又让工作人员送给150万元（旧币）和一瓶鹿茸精。工作人员对他说："主席要我嘱咐您每天饭前二十分钟服二十滴，还特别关照，请您多保重身体。"张干一边听，一边频频点头，泪如泉涌。

结　语

尊师，是中华民族的传统美德，"一日为师，终身为父"的古训名言，"天地君亲师"，都说明了对"师"的尊重和崇敬程度，而"欺师灭祖"则被视为人神共愤、罪不可恕的最大恶行。毛泽东身居党和国家的最高领导职位仍不忘师恩，为世人树立了光辉的榜样。

许世友忍辱救师

许世友将军出身于河南省新县农村一个贫苦农民家庭。7岁时，父亲因劳累过度而死去，母亲带着7个孩子艰难度日。许世友8岁那年，家乡又遇灾荒，为求生路，只好拜少林寺云游和尚高义为师，跟师父到处卖艺乞讨。

高义师父80高龄，满面红光，练得一身武艺。一根五尺长的哨棒，在他手中舞得像一条龙，在身前身后、身左身右腾飞。老和尚舞的是"形意风火棍"，当年少林十三棍僧救唐王，就是用这种棍术打败敌人的。许世友拜师也是为了学习少林武功，免得将来受到地主老财的欺侮。

许世友对师父非常尊敬。有道是："一日为师，终身为父。"肚子饿了，有吃的东西让师父先吃；师父渴了，他去找水。在回少林寺的路上，沿途卖艺已挣不到钱，只得沿路乞讨。

这时正值秋末冬初，天气渐冷，老禅师因淋雨受了风寒，身上发烧，嘴唇发紫，牙齿打颤，浑身哆哆嗦嗦。许世友有些害怕：在这前不接村、后不接店的荒野里怎么办呢？他好不容易将师父搀扶到龙泉寨的破庙里歇下，就想到去买药给师父治病要紧。他从背囊里摸出了3个铜板，跑到离庙15里的集镇上去买药。到镇上找到药店，说明来意后，药店掌柜打了一下算盘，他赶快递上钱，掌柜一看说："还差一个铜板。"许世友为难地说："没钱了，您行行好，等我师父病好……"掌柜打断他说："不行！"把铜板还给了他。许世友好话说了一大堆也没用，真是一文钱难倒了英雄汉啊！许世友无可奈何，走出了药店，漫步在大街上，只见一张张的面孔都是陌生的。"天啊！无钱买药，怎么救师父呢？"许世友心急如焚，不知如何是好。这时，许世友看到前面不远处一户有钱人家，高台阶下有一人牵着一匹马，从大门处走出一位又矮又胖的阔太太，正娇滴滴地说："这叫我咋上呢？"看样子阔太太要骑马到哪里去有事，接连几次想登上马鞍，却都从马身上滑溜了下来，招来许多围观的行人。那胖太太高声地说："谁能屈身让我踏一下脚上马去，我就赏给他几个铜板。"围观的人都没有愿意去的。这时，突然从人群中传来一个童声喊："俺来！"许世友正走投无路，为了买药救师父，他忍辱走到阔太太面前屈下身来当"垫脚石"。那个女人踏上许世友瘦弱的背，爬上了马背，高傲地从口袋里掏出几个铜板，说："穷小子，给你钱！"她把铜板撒在地上，哈哈一笑，骑马走了。许世友"呸"了一声，从地上拾起了铜板，飞也似的奔向药店。抓了药，又把剩下的钱买了几个馒头，匆匆赶回破庙。

　　许世友不顾疲劳，又拾来一堆干枯树枝，架起火来熬药。高师父吃了药，出了一身热汗，病情渐渐好转。待师父病愈后，师徒俩又开始赶路了。后来，许世友在少林寺当了8年和尚，学了一身少林武功，在以后的革命生涯中还起了不少作用呢。

第二编
DI ER BIAN
不耻下问　能者为师

孔子拜项橐为师

项橐，是中国古代的神童。年仅7岁就当了孔子的老师。《孔子项橐相问书》叙述的就是孔子拜项橐为师的有趣故事。孔子周游列国，四处讲学，宣扬儒家思想。一天，他正在坐车赶路，发现有三个小孩正在玩，其中一个小孩用沙土堆成了一座城。这个小孩就是项橐。车被"城"挡住了，走不了了。可是这个小孩仍然在玩着，兴致勃勃，就像没有看见一样。孔子下车，微笑着说："你怎么不知道车来了要让路呢？"项橐这才抬起头来，拿起大人的口气说："从古至今，只听说车要绕城而过，哪有城要避开车的道理？"孔子听了非常诧异，小孩如此能言善辩，而且像成年人一样镇定自若。孔子对这个孩子产生了兴趣，决定要考考他，就问道："你知道什么山上没有石头？什么水中没有鱼？什么门关不上？什么牛没法生牛犊？什么马不能生马驹？什么刀上没有环？什么样的男人没有妻子？什么样的女人没有丈夫？什么时候白天短？什么时候白天长？什么样的城没有使者？什么人没有孩子？……"孔子一口气提了四十多个问题。项橐认真听完，不慌不忙地回答："土山，井水，空门，泥牛，木马，砍刀，仙人，仙女，冬天，夏天，空城，小孩……"这些问题涉及天文地理、自然现象、家庭伦理道德等各个方面，内容广泛，项橐都能对答如流，滴水不漏。孔子佩服，连说六个"善哉!"

项橐并不知道自己面对的是人们所尊敬的孔子，就反问了几个问题。项橐朝孔子拱拱手问："什么水没有鱼? 什么火没有烟? 什么树没有叶? 什么花没有枝?"孔子听后说："你真是问得怪，江河湖海，什么水都有鱼；不管柴草灯烛，什么火都有烟；至于植物，没有叶不能成树；没有枝也难于开花。"项橐一听咯咯直笑，晃着脑袋说："不对。井水没有鱼，萤火没有烟，枯树没有叶，雪花没有枝。"孔子叹道："后生可畏啊! 老夫愿拜你为师。"

孔子又说："我车中有棋，咱们赌一盘吧。"谁知项橐一本正经地拒绝，振振有辞地说："我不赌博，天子好赌，天下就不能太平，天公也不作美，诸侯好赌，就无心思治理国家；官吏好赌，就会耽误处理文案；农民好赌，就会错过耕种庄稼的好时机；做学问的好赌，就会忘了诗书礼仪；小孩子好赌博，就该挨打。赌博原来是无聊、无用的事，学它做什么?"孔子听了这些话，由赞赏变成了敬佩，他拜项橐为师。七岁的孩子从此名声远扬，而孔子以圣人之身，不耻以孩童为师，其举动也为天下人称赞。

荀淑拜少年为师

荀况是战国后期的思想家、教育家。他发展了儒家学说，使儒家学说开始具有朴素的唯物主义倾向。他十分强调后天的教育，认为只要刻苦用功，"锲而不舍、金石可镂"，后来者可以居上。他把老师和天、地、君、亲并列，并进一步指出："国将兴，必贵师而重傅……国将衰，必贱师而轻傅。"

荀况这种思想，不仅对后世影响很大，对其家庭影响也是非常深刻的。他的孙子荀淑，从小受家庭环境的熏陶，非常爱读书，也很有才华。曾做过郎中大夫，还当过县令。后来他辞官归故里教书。由于他学识渊博，品行端正，学生不计其数，还有从很远地方来拜他为师的，连当时知名的学者李固、李膺都是他的学生。

有一次，荀淑来到慎阳县，在旅店遇到一个14岁的少年，粗布短衫，但气度不凡，两目炯炯有神。一见面，荀淑就非常喜欢这个少年。两人攀谈起来，很是投机。这个少年谈起学问来，滔滔不绝，很有见地，就是当地一流学者，也望尘莫及。两个人足足谈了一整夜也没谈完。荀淑把多年积存在心里的疑难问题，向少年请教。少年有问必答，讲得头头是道，使荀淑茅塞顿开，豁然开朗，佩服得五体投地。

荀淑请教少年尊姓大名。少年从容作答："姓黄，名宪，字叔度。"于是荀淑站起来，恭恭敬敬地给黄宪施礼，并说道："黄先生在上，受我一拜。"黄宪道："老人家，何必客气，学问就要互相切磋，才能提高啊。我还是一个不知名的小字辈。老人家出身名门，已名扬千里，就免礼吧。"荀淑道："尊师重教是先祖的教诲，能者为师，不拘年龄大小，常言道：英雄出少年。你是我40多年来遇到的一位最好的老师，解决了我多年的疑虑，理应受拜。"说着上前行了大礼。可见，荀况的尊师重教的遗风在荀淑身上进一步得到了发扬。

颜真卿讨教为学之道

颜真卿是唐代著名书法家。为了学习书法，颜真卿起初向褚遂良学习，后来又拜在张旭门下。张旭是唐代首屈一指的大书法家，各种字体都会写，尤其擅长草书。颜真卿希望在这位名师的指点下，很快学到写字的窍门，从而一举成名。但拜师以后，张旭却没有透露半点书法秘诀。他只是给颜真卿介绍了一些名家字帖，简单地指点一下字帖的特点，让颜真卿临摹。有时候，他带着颜真卿去爬山，去游水，去赶集、看戏，回家后又让颜真卿练字，或看他挥毫疾书。

转眼几个月过去了，颜真卿得不到老师的书法秘诀，心里很着急，他决定直接向老师提出要求。

一天，颜真卿壮着胆子，红着脸说："学生有一事相求，请老师传授书法秘诀。"

张旭回答说："学习书法，一要'工学'，即勤学苦练；二要'领悟'，即从自然万象中接受启发。这些我不是多次告诉过你了吗？"

颜真卿听了，以为老师不愿传授秘诀，又向前一步，施礼恳求道："老师说的'工学'，'领悟'，这些道理我都知道了，我现在最需要的是老师行笔落墨的绝技秘方，请老师指教。"

张旭还是耐着性子开导颜真卿："我是见公主与担夫争路而察笔法之意，见公孙大娘舞剑而得落笔神韵，除了苦练就是观察自然，别的没什么诀窍。"接着他给颜真卿讲了晋代书圣王羲之教儿子王献之练字的故事，最后严肃地说："学习书法要说有什么'秘诀'的话，那就是勤学苦练。要记住，不下苦功的人，不会有任何成就。"

老师的教诲，使颜真卿大受启发，他真正明白了为学之道。从此，他扎扎实实勤学苦练，潜心钻研，从生活中领悟运笔神韵，进步很快，终成为一位大书法家，为楷书四大家之首。

柳公权与"脚书大师"

唐代著名书法家柳公权的书法清劲挺拔、俊秀深厚，并自创一格，人称"柳体"。12岁时，他便能写得一手好字，被称为神童，因此渐渐骄傲起来。

有一天，柳公权和几个小伙伴在大树下举行写字比赛。他写好后，得意洋洋地举着自己的作品，对围观者大声宣称："冠军非我莫属啦！"

人群中有一位卖豆腐的老人，见柳公权如此骄傲自满，便皱皱眉头说："这字写得好像我的豆腐一样，软塌塌的，没筋没骨，还值得在人前夸吗？"小柳公权不服气地反驳："那你写几个字让我看看！"老人微微一笑："我写不好字。可是在华原城里，有人用脚都写得比你好得多呢！"

第二天，将信将疑的柳公权起了个大早，独自来到了华原城。一进城，他老远便看到一棵大槐树下围了许多人。他挤进人群，只见一个失去双臂的残疾老人坐在地上，赤着双脚，左脚压纸，右脚夹笔，正在挥洒自如地写对联。他笔下的字龙飞凤舞，博得围观的人们阵阵喝彩。

这位残疾老人就是华原城里有名的"脚书大师"。柳公权一看，果然如卖豆腐老人所言，"脚书大师"用脚写的字都比自己用手写的好得多。而这位"脚书大师"非但不像自己那样趾高气扬，反而面容谦虚，甚至还请求字者多多指出自己的不足之处。

想到这里，柳公权的脸上一阵发烧，他觉得自己取得的小小成绩在这位"脚书大师"面前太不值得一提了。他"扑通"一声跪在老人面前，诚恳地说："柳公权愿意拜您为师，请您传授我写字的秘诀！"

老人慌忙用脚拉起他，摇头道："我是个生来没手的残疾人，只得靠脚混生活，怎么能为人师表呢？"但柳公权苦苦哀求，老人见他态度恳切，便在地上铺了一张纸，用右脚写了几个字："写尽八缸水，砚染涝池黑；博取百家长，始得龙凤飞。"

他将这张纸送给了柳公权，解释说："这就是我写字的秘诀。我用脚写字已经50多个年头了，磨墨练字就用完八大缸水，每天写完字就在半亩大的池塘里洗砚，池水都染黑了。大家都说我的字写得好，可人外有人，天外有天，和书法家比起来，我的字还差得远呢！"

柳公权把"脚书大师"的话牢记在心，从此更加勤奋练字，他的手上磨起了厚厚的茧子，衣肘补了一层又一层，他再也不是那个自以为天下无敌的柳公权了。他会时常拿出老人的字观看，提醒自己谦虚发奋，并向书法名家虚心求教，数十载后，终于成为当时著名的书法家。

取得成绩当然是可喜可贺的事，但如果沉溺在自骄自傲中则会故步自封。柳公权见到"脚书大师"后自感浅薄，从而刻苦练字，终成一代书法大师。学习要虚怀若谷，不可稍有成就便沾沾自喜。

拓展阅读 ....

"柳体"是柳公权自成一家的字体，在字的特色上，以瘦劲著称，骨力遒健。因为柳公权的柳体较之颜真卿的颜体更均匀瘦硬，故有"颜筋柳骨"之称。

柳公权29岁进士及第后，一直在地方担任一个低级官吏，后来，当时的皇帝唐穆宗看见他的字迹，才把他召到长安。那时，柳公权已四十多岁了。

唐穆宗见到他，很高兴地说："我曾经在佛庙里看见过你的字，真是当世书法圣品，我早就想见你了。"唐穆宗升了他的官，又问他用笔的方法。柳公权回答说："用笔的方法在于内心，心里正直笔才会拿得正，才可以称为书法。"

唐穆宗听后马上变了脸色，因为他是一个荒纵的皇帝，而柳公权是借说笔法来向他提意见。在古时，下属一句话说不好是会被皇帝杀头的，柳公权敢于这样说，表现了他敢说真话的大无畏精神。唐穆宗沉思片刻，领悟到了柳公权的诚实和苦心，非但没有怪罪柳公权，反而大大嘉奖于他，并开始改正自身缺点。柳公权"用笔在心，心正则笔正"的名言，更被后世传为佳话。

书圣拜水饺老太为师

晋代大书法家王羲之被称为"书圣"，他的儿子王献之也是一位大书法家，人称"二王"。

王献之自幼跟父亲学书法，7岁时他对父亲说："我的字再写三年也就行了吧？"王羲之对他说："你能写完18大缸的水，你的字才能站稳脚跟。"三年后，王羲之见儿子的书艺有了进步，但见他开始自满，心中十分担心。有一次，王献之和同学举行一场书法观摩会，请王羲之到会评判。会后，这批少年问王羲之："先生年轻时曾拜何人为师？"

"我最初有两位老师，第一位是我的母亲，叫卫夫人，你们都知道。第二位老师是做饺子的女师父。"王羲之说着向众人讲了一段故事。

王羲之17岁时在母亲卫夫人的指点下书艺大有长进，笔锋初露，震惊了方圆百里，许多人赶来请他题字、写对联。王羲之少年得志，有些飘飘然起来。

一天，他经过一家饺子铺，看见门楣上写着"鸭儿饺子铺"，门的两边写着："经此过不去，知味且常来。"王羲之看到这10个大字写得毫无骨力，结构又差劲。心想：是谁写出这种字来献丑？正想转过身去，腹中感到饥饿，又见铺内食客满座，就走了进去。

王羲之见矮墙边有一口大锅，锅内沸水翻滚。只见一只只饺子从墙上飞来，不偏不倚只只都落入锅的中央，十分准确。他看得惊呆了。

王羲之坐下招呼伙计，不久伙计端上一大盘水饺，只见个个水饺玲珑精巧，活像浮在水面的游鸭。再尝尝饺子，鲜美可口，不一会儿他便把一盘水饺吃下肚去。

付账后，王羲之问店主在哪里，伙计指了指矮墙那边。他看见一位白发老太坐在一块大面板前独自擀饺子皮，包饺子馅，动作利索娴熟，不一会儿一批饺子包好。只见她一边与伙计讲话，一边随手把一只只饺子抛出墙外，连看都不看一眼。

王羲之惊叹不已，欠身问道："敢问老妈妈，你学了几年才练成了这手功夫？"

"熟则50年，深练要一生。"白发老太回答说。

王羲之听了，心想，自己学写字不过十几年就自满起来，好不应该，不觉脸上一阵发热。

"吃了贵店的饺子果然名不虚传，但门口的对联为什么不请人写得好一点？"

那老太一听生气地说："你这位相公有所不知，我何尝不想请名人写副对子，只是像王羲之那种人架子太大，学了不到我这功夫的一半时间就眼睛抬上脑门，哪里会瞧得起我这店铺？我看他的那点功夫还比不上我这扔饺子功夫的一半深呢！"说完只顾做饺子，连看也不看王羲之一眼。

王羲之听了这番话，面红耳赤。

第二天他亲自把给饺子铺写好的一副对联送到白发老太手中。白发老太收了这副对子，见来人便是王羲之，不好意思地说："昨天不知王相公到来，言语失敬了，还请王相公原谅！"

王羲之回答说："师父给学生讲的一番话，真是胜读十年书啊！您老就是我的师父，请受学生一拜。"

此后，王羲之格外虚心刻苦练习，把水饺老太讲的话当作座右铭，终于成为一代"书圣"。

拓展阅读

王羲之是晋代大书法家，他创造了一种美观流利的书法字体，人们称他为"书圣"。他从小就喜爱练字，曾跟书法大家卫夫人习字。他集中心力，刻苦练习，日有长进。跟卫夫人习字仅两年，就已经是笔力遒劲，顿挫生姿了。卫夫人说："这个孩子将来一定比我还有名。"

王羲之13岁那年，偶然发现他父亲藏有一本《说笔》的书法书，便偷来阅读。他父亲担心他年幼不能保密家传，答应待他长大之后再传授。没料到，王羲之竟跪下请求父亲说："学习是不能等待的，就像路要天天走，才得上进。小时不学，将来就迟了。"他父亲听了很受感动，就亲自指点他。这样，王羲之的书法长进更快了。后来王羲之渡江北上，游历了许多名山大川，见到了许多名书法家的手迹。他一个一个临摹，把每家字的特点弄清楚，长处学到手。

王羲之练习书法很刻苦，甚至连吃饭、走路都不放过，真是到了无时无刻不在练习的地步。没有纸笔，他就在身上划写，久而久之，衣服都被划破了。有时练习书法到痴迷的程度。一次，他练字竟忘了吃饭，家人把馍馍送到书房，他竟不假思索地拿馍馍蘸着墨吃起来，还觉得很有味。当家人发现时，他已是满嘴黑墨了。书看熟了就练着写，他每天坐在池子边练字，送走黄昏，迎来黎明，写完了多少墨水，写烂了多少笔头！他没日没夜地练字，下功夫，连家旁池塘里满盈盈的碧清碧清的水都因他洗砚、洗笔，被染得黑沉沉的。

王羲之几十年如一日，锲而不舍地刻苦练字，后来就成为我国著名的大书法家了。

书山有路勤为径，学海无涯苦作舟。王羲之锲而不舍地刻苦练字，被人们称为"书圣"。他的书法艺术和刻苦精神很受世人赞许。

拜人民为师

陶行知是我国近代人民教育家。他有一句名言："人生天地间，各自有禀赋。为一大事来，做一大事去。"他非常重视国民教育，认为"教育是共和国的保障"，因此，他把毕生精力都投入到"教育"这一大事中来。

早在办晓庄师范学校的时候，陶行知就提出了"生活即教育""社会即学校"和"教学做合一"等理论，教导师生们与劳动人民相结合，"教人民进步者，拜人民为老师"。

一位朋友的夫人来看陶行知，说起她的孩子把一块新买的金表拆坏了，她非常生气，狠狠地揍了孩子一顿。陶行知听了，连连摇头说："哎呀，你打掉了一个'爱迪生'。"接着，他讲了美国发明家爱迪生小时候喜欢做实验，被学校开除以后，在他母亲的引导下，逐渐成为发明家的故事。他又亲自到朋友家里，把那个小孩请出来，带他到修表店去看师父修表。他们站在修表师父身边，看着他把表拆开，把零件一个个浸在药水里，又看着他一个个装起来，再给机器加上油，用了一个多小时，花了一元六角钱修理费。陶行知深有感触地说：“钟表店是学校，修表师父是老师，一元六角钱是学费，在钟表店看一个多小时是上课，自己拆了装，装了拆是实践。做父母的与其让孩子挨打，还不如付出一点学费，花一点工夫，培养孩子好问、好动的兴趣。这样，‘爱迪生’才不会被打跑、赶走。”

山海工学团刚成立的时候，农民的孩子有了读书的地方，烧香拜佛的红庙成了教室，可是没有孩子们用的桌椅。上课的时候，同学们带来自己的凳子，有大有小，高低不一。一星期以后，学校请来了木匠师父，他闷着头做凳子，一天能做好几个。陶行知走过来，看见木匠师父满身是汗，就递给他一杯水，说：“我们不是请你来做凳子的。”木匠疑惑地望着陶行知：“那叫我来做什么?”

“我们是请你来做‘先生’的。”

“我可不识字。”木匠慌了。

陶行知笑着说：“我是请你来指导学生做木工的。你如果教会一个人，就可得一份工钱。如果一个也没教会，那么就算你把凳子全做好了，还是一文工钱也得不到。”木匠显出为难的样子。陶行知亲切地说：“不要紧，你不识字我们教你。我们不会做木工，拜你为先生。我第一个向你学。”说着，陶行知拿起一把锯，对准木板上划好的线就“吭哧”“吭哧”地锯起来。

第二天，广场上摆着木匠工具，老师带着孩子们来学做凳子。有个小朋友嘟囔着："我们是来读书的，不是来做木匠的。"一个大人看见孩子拿起工具，不小心就很容易弄破手，也皱起眉直摇头。这时，陶行知笑着说："我有一首诗读给大家听听：'人生两个宝，双手与大脑。用脑不用手，快要被打倒。用手不用脑，饭也吃不饱。手脑都会用，才算是开天辟地的大好佬。'你们看写得如何？"小朋友都拍手说好，那个大人也不好意思地笑了。

从此，每天孩子们都学做凳子，他们也当"小先生"，教木匠师父认字。3个月后的一天，教室里的50个孩子，都坐着自己做的凳子。讲台上还有孩子们自己制作的杠杆、滑车等玩具和仪器。家长们挤在窗口、门外，信服地点头叫好。陶行知在讲台前，念起了一首刚写好的诗："他是木匠，我是先生。先生学木匠，木匠学先生，哼哼哼，我哼成了先生木匠，哼哼哼，他哼成了木匠先生。"孩子们看看坐在他们身边一起听课的木匠，大家都笑了。

姚文采是陶行知的同乡，陶行知请他到晓庄学校教生物课。第一次上课，陶行知就让他先把书本摆到一边去，要"随时教育、随地教育、随人教育"。姚老师教了10多年生物课，从来没有不带书本去上课的时候，他弄不懂陶行知是什么意思。傍晚，他看见陶先生与两个叫花子在亲热地交谈。陶先生和那两个人谈完话，就叫学生领他们去洗澡，然后告诉姚文采："这是我从南京夫子庙请来的两位老师，来教大家捉蛇。晓庄附近有许多蛇，经常咬伤人，让蛇花子来教大家捉蛇，你看怎么样？"姚文采没说话。蛇花子开始为晓庄师生上生物课了，课堂就在山里。几天以后，最胆小的女孩子也敢捉蛇了，她们说："只要击中要害，蛇并没有什么可怕呀！"大家还懂得了蛇没有脚为什么跑得快，蛇没有耳朵怎么听得见声音，以及蛇是老鼠的克星等知识。姚老师终于理解了陶先生的用心。他带领学生采集标本；把挖草药的老农请来教认草药；请种花木的花匠来教种植花木的方法；请中国科学社的专家来教怎样辨别生物科别及定学名。晓庄附近的花草树木都挂起了学名牌，生物课从此上得生动活泼。

陶行知身为高等学府的教授、全国著名的教育家，却没有一点架子，时时注意拜普通的劳动人民为老师，他是我国千百万教师的楷模，更是知识分子最早和劳动人民相结合的先驱。

一字之师

郭沫若是当代伟大的无产阶级革命家，又是伟大的文学家、史学家和考古学家。他谦虚好学，甘拜普通小人物为师的故事广为流传。

《沫若文集》分卷发行后，他接到不少热情洋溢的来信。写信的有学者、作家，有认识的，也有不认识的，都对他的作品给予了很高的评价。郭沫若边读边说："真是太过奖了！"

忽然，郭沫若同志对其中一封信仔细地阅读起来。原来，这是一封上海中学生的来信，信里对文集中个别字的使用提出了意见。郭沫若走到书架前，抽出自己的文集，翻到中学生指出的页码，读了读，点点头，自言自语地说："嗯，小家伙提得好，提得对！"他脸上露出了满意的笑容，说："后生可畏啊！"

他回到书案前，抽笔摊纸，立即给那位中学生写回信："你的批评意见大体上是中肯的，特别是对我的杂文有些可以删去的建议，我愿意接受。你如有工夫，在不影响你的功课和身体的情况下，请你把我的杂文或其他文字中不能满意的地方具体指摘出来寄给我。"信中还说，文集其他各卷出版时，将分送给这位中学生，请他读后再提意见。

郭沫若回信后，怕忘了送文集的事，又写了一个条，放在文集里，自言自语地说："这是大事，不能忘了。"

还有一次，郭沫若在台下观看自己创作的历史剧《屈原》的演出，演到第五幕第一场，他听到婵娟怒骂宋玉：

"宋玉，我特别的恨你，你辜负了先生的教训，你是没有骨气的文人！"

郭老听后，感到骂的还不够分量，就走到后台找婵娟的扮演者商量。

"你看，在'没有骨气的'后面加上'无耻的'三个字，是不是分量会加重些?"郭老问演员。

正在化妆的一个演员，灵机一动地插了话："不如把'你是'改成'你这'，'你这没有骨气的文人！'这多够味，多么有力啊！"

郭沫若一想，真是太绝妙了。这一字之改，真把这句话讲活了，婵娟的愤懑之情溢于言表，他不禁拍手叫绝，连称："好！好！直率！"

这件事在郭沫若这位著名文学家的脑海里留下了深刻的印象，他还为此专写了一篇题为"一字之师"的文章，倾吐了他对这位演员的赞赏之情。

天才出于勤奋

郭沫若原名郭开贞，又名郭鼎堂，他一生勤奋，因而博学多才，成为饮誉中外的著名作家、诗人、剧作家、历史学家、考古学家、古文字学家、翻译家、社会活动家、书法家，为后世留下了三十八卷的《郭沫若全集》，他勤奋的美德特别值得人们学习。郭沫若是我国现代文化史上一位才学卓著的文豪。

郭沫若在小学一年级读书时，老师讲历史课《十六国春秋》，其中有许多胡人的名字跟外国人的名字一样，非常难记，因而记人名便成为当时历史课的一只"拦路虎"。为了克服这个困难，郭沫若想出了一个办法：如果两个人比赛学一定会比单独一个人学得快，这样不仅自己能进步，还能带动别人进步。郭沫若于是约了一位要好的同学躲进一间阴暗的自修室里，两人苦读硬记，进行比赛，直到把整本历史课本一字一句背得滚瓜烂熟才走出屋子。

在后来的日子里，即使在休年假期间，郭沫若都手不释卷，天天苦读。有一年年假期间，他把太史公司马迁写的《史记》从头到尾通读了一遍，而且把难懂的句子抄录下来，再进行仔细辨析。除此之外，他还把《史记》一篇一篇地进行校订和评价，在旁边写下批注，连《伯夷列传》里有一句被历代注家解释错了的话，他都在阅读过程中发现并加以校正。对其中一些精辟言论和难得的资料，郭沫若视为珍贵财宝，不惜时间和精力整篇整段地用毛笔把它抄录下来，放在案头，随时翻阅学习。

郭沫若一生写了不少诗词和文章，论著宏富。但他从事著述有个习惯，就是从来不让旁人代为抄写，一律都是自己动手。即使到了晚年，在他年近八十高龄撰写《李白与杜甫》这部研究性著作时，因视力减退，有人提议让别人代抄，可他仍然不同意。他的不少书都是前后几次易稿，全都是他亲自逐字逐句地反复进行斟酌、锤炼、修改和抄写而成的。

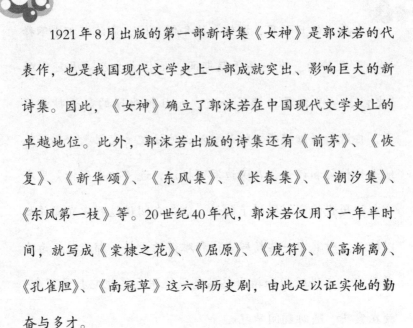

　　1921年8月出版的第一部新诗集《女神》是郭沫若的代表作，也是我国现代文学史上一部成就突出、影响巨大的新诗集。因此，《女神》确立了郭沫若在中国现代文学史上的卓越地位。此外，郭沫若出版的诗集还有《前茅》、《恢复》、《新华颂》、《东风集》、《长春集》、《潮汐集》、《东风第一枝》等。20世纪40年代，郭沫若仅用了一年半时间，就写成《棠棣之花》、《屈原》、《虎符》、《高渐离》、《孔雀胆》、《南冠草》这六部历史剧，由此足以证实他的勤奋与多才。

　　天才出于勤奋，自古天道酬勤。郭沫若的多才多艺、渊博学识以及一系列著作都是他多年勤奋的结晶。如果我们都具有他这种美德，我们也一定能学有所成，或多或少为祖国和人民作出自己力所能及的贡献。

有若无　实若虚

俗话说：学无止境。一个人无论他的学问有多大，也不可读遍所有的书，穷遍所有的学问，他永远有他不知不懂的东西。因此，真正的有学问的人总是非常谦虚，不耻下问，善于向别人学习。下边的两个事例就可以充分说明这点。

李相最喜欢读《春秋》。无论公务怎样繁忙，他每天必须读一卷，终年不懈。读书时，李相误把《春秋》中鲁国大夫叔孙婼（chuò）的"婼"读成"若"。他手下有个小吏站在他旁边侍读。每当他错读它成"若"时，小吏的脸上就有异样表情，不太好看，次数多了，李相发现了这个情况，很奇怪，他问小吏："你常读《春秋》吗?"小吏恭敬地回答："是的。"李相严肃地问道："为什么每当我读到'叔孙婼'时你就表现出不以为然的样子呢?"

小吏见长官那么严肃，以为是责怪自己，连忙躬身跪倒，然后恭谨地回答："小人过去曾蒙老师教过《春秋》，今日听将军把'婼'读成'若'，方才明白过去照老师所教把它读成'绰'是大错了。"李相见小吏说是老师读错，不由暗自生疑，便说："恐怕不是你老师的错吧？我没拜过师，这个字是照本朝陆德明的《经典释文》中的释文注音读的，一定是我读错了，而不是你读错了。"说完，从书架上取出《经典释文》，让小吏看。

小吏一看，才明白李相把字的形看错了，他委婉地说明正确的读音是"绰"而不是"若"。

李相听了，顿时脸发烧，觉得自己身为大官，日读《春秋》，多次读错字而不自知，十分惭愧。这让我们不禁想起历史上"指鹿为马"的故事，因为权势，错的也是对的。李相却不是这样，尽管他脸上发烧，却仍能放下架子，走下座位，把太师椅放在北墙边，请小吏坐。

小吏不敢坐："这是将军的金座，小人岂敢越礼坐！"李相把小吏按在座椅上："不许动，不然我要生气了！"小吏不敢违背，坐也不是，不坐也不是，局促不安，十分尴尬。李相站在南面，整了整衣冠，然后脸朝北，向着坐在太师椅上的小吏躬身下拜。小吏又要离座，李相喊道："不许动！"小吏只好坐在椅子上接受他的大礼参拜。

李相行礼后，诚恳地说："我身居高位，却常常读错字，实在惭愧。从今以后，你就是我的'一字师'，我要再读错字，请你一定要给我指出来，千万不要客气啊！"小吏见李相身为大官，却能如此虚怀若谷，不耻下问，深受感动。从此，小吏与李相亲如手足，共同研讨学问。

官位不是学问大小的标志，更不能衡量一个人的学识与才干。学问和才干来自学习和实践，不管一个人的职务多高，年龄多大，凡是没有学习和实践过的东西，都是他人的学生，因为知者都为师。李相虽居高位，他懂得这个道理，所以他能胸怀开阔，不耻下问，拜小吏为"一字师"。无独有偶，京剧大师梅兰芳虽享誉世界，却仍虚心学习，不耻下问，他也有个"一字师"的故事。

梅兰芳与沙市京剧团原艺委主任郭叔鹏有一段交往。那是在1950年4月20日，梅先生率团到汉口演《女起解》之时。这出戏，对于从小就和京剧结缘的郭叔鹏来说，不知看了多少遍，但亲睹梅先生的演出还是第一次，因而他显得特别认真。戏中苏三有一段"反二黄"唱段，头一句崇老伯说他是"冤枉难辨"，一个"难"字，让郭叔鹏微微皱起了眉头。不对呀，这个"难"字似乎与整个剧情相悖！初生牛犊不怕虎，当年33岁的无名小卒郭叔鹏看完戏直径走进后台，向正在卸装的梅先生大胆提出自己的见解："梅先生，您看崇公道的念白里面，哪儿有苏三所唱的冤枉难辨的意思呢？相反，倒是说他的官司，可能有出头的希望了。"

"对！对！对！"梅先生认真地听着，不时地点头："您的意见对，提得很有道理，依你之见，应该怎么做才好呢？"

原来郭叔鹏只想提自己的见解而已，万万没有料到梅先生不耻下问，请教他这个毛头小伙子，故而一下子不知怎么回答好，沉吟片刻，郭叔鹏忐忑不安地说："梅先生，您看能不能只动一个字，即将难辨的'难'字，改为'能'字。"

"嗯……"梅先生脸上露出了笑容："太好了，改词不改腔，这样跟头里的念白就比较连贯了，观众听了也容易接受。"从那次后，《女起解》中这句词便都唱"冤枉能辨"了。6月8日，梅先生在后台又碰到郭叔鹏，便拍着他的肩膀笑着称他为"一字师"，并询问对昨日自己所演的戏的看法。这一问正中下怀，原来郭叔鹏心里确实有一个小小的疑问："梅先生，你演的赵女是真疯还是假疯?"梅先生看了看郭叔鹏反问道："你看是真的还是假的呢?"郭叔鹏回答说："我看，赵女应该是装疯，是假的，装出来的疯相是为了欺骗他父亲的。你听：我只得把官人一声来唤，我的夫呀，随儿到红罗帐，倒凤颠鸾。把父亲当丈夫，还要拉他入罗帐，这在赵高看来，女儿是真的疯了，但随儿到红罗帐的一个'儿'字，却露出破绽。赵女自称是'儿'，显然她还知道对方是'父'了。这是神态清醒的表现，赵高不傻，凭此很容易识破女儿是假疯。"

梅先生听到这里，插了一句说："你提的这一段，也有人给我指出。赵高就是那个指鹿为马的人，为人十分奸诈，这样骗过他是不容易的。你提的'儿'字确实是一个漏洞。"于是梅先生又像上一次一样虚心地征求郭叔鹏的意见。这一回郭叔鹏早有心理准备，便脱口而出："只要把'儿'字改为'奴'字就行了。'奴'是古代妇女的谦称，对谁都可以这样称呼。"梅先生满意地说："明天，我就将这一句改过来。"说着梅兰芳拿出一个笔记本，亲笔题词，盖上自己的印章送给郭叔鹏。孔子说："三人行，必有我师。"像梅兰芳这样的京剧大师也有疏漏之处，像郭叔鹏这样无名小辈也不乏知识渊博之人。梅兰芳不以名自居，躬身向无名小辈请教。郭叔鹏初生牛犊不怕虎，敢对名师、名人"施教"，终于得到梅兰芳的赞赏。郭、梅二人的精神都是难能可贵的，令人敬佩。

结　语

《论语》中孔子的学生曾子说过这样的话："以能问于无能，以多问于寡；有若无，实若虚。"意思是说"自己有才能却向没有才能的人请教，自己知识多却向知识少的人请教；有学问就像没有学问的人一样，知识充实就像很空虚的人一样。"这才是一个有学问的人的真正态度。

赵光祖拜犯人为师

赵光祖（1482—1519）是朝鲜李朝前半期的哲学家、政治家。他祖辈几乎都是身居高位的饱学之士。在家庭的影响下，他自小便知书达理，喜欢学习。

17 岁时，赵光祖随父亲从汉城移居到鱼川。凑巧，当时的朝鲜名儒、大学问家金宏弼，因受柳子光等守旧大臣的诬陷，于 1498 年作为犯人被流放到鱼川。

获悉闻名全国的大学问家金宏弼沦落到鱼川的消息，赵光祖一方面对他的不幸遭遇充满同情，一方面也为金宏弼来到自己所在的鱼川感到高兴。他决定立即前去探望金宏弼并拜他为师，向他学习儒家经典。

赵光祖当时已是个颇有名气的青年学者了，他的聪明才智和学术造诣，都使他的学友们十分钦佩。但他现在还要去拜一个流放犯人为师，学友们都感到十分不解。有的学友对他说："你的学问已经不小了，为什么还去拜个犯人为师呢？"

赵光祖听后不以为然，对学友们说："我觉得，我的学问有许多地方是不如他的。为什么不能拜他为师呢?"学友的劝说，并没有动摇赵光祖的决心。

赵光祖自拜金宏弼为师之后，虚心向老师学习，对老师十分尊敬，师生很快便建立了深厚的感情。

赵光祖23岁时，金宏弼被赐死。赵光祖立志替老师从事培育后代的工作。25岁时，赵光祖已成为名震全国的大学问家、大教育家，远近学子来找他求学的很多很多。

莫里哀向女仆请教

莫里哀，是17世纪法国杰出的喜剧作家，也是著名的戏剧导演。莫里哀一生共创作了37部喜剧，其中不少作品是以抨击宫廷中的奢侈糜烂生活方式和吝啬、自私、伪善的人际关系为主题的。

莫里哀出生于一个宫廷裱糊匠家庭，这使他从小就目睹了宫廷中达官显贵腐化堕落的生活与广大劳动人民的贫苦生活之间的鲜明反差，因此形成了他对宫廷的腐败疾恶如仇，对劳苦大众无限同情的性格。即使到了中年，他到宫廷里做了官，享受了高官厚禄，但仍保持了这种性格，没有忘记平民百姓，还继续以戏剧的形式，抨击贵族花天酒地的奢侈生活，为下层贫民鸣不平。他始终是一位人民的剧作家。

莫里哀的为人和品德，从他对自己女仆的尊重中，可以充分地表现出来。

莫里哀家里有一个女仆，性格开朗，质朴淳厚。在莫里哀的影响下，女仆对戏剧艺术也有了很高的鉴赏能力。莫里哀每当完成一部新的剧本，总喜欢首先念给这位女仆听，征求她的意见。莫里哀发现，这位女仆对剧本的反映往往和剧场观众的反映是一致的。有的剧作，莫里哀自以为写得不错，而读给女仆听时，她却无动于衷。这样的剧本上演后，演出的效果往往不是很好。因此，他养成了根据女仆的反映来决定剧本是否可以上演的习惯。

有一次，莫里哀有意想试探一下女仆的辨别和欣赏能力，他把一个别人写的剧本念给她听，女仆没等他念完，就不耐烦地说："这……这……这哪像是莫里哀的作品。"莫里哀听后，爽朗地大笑起来。

从此，莫里哀更加信任这位女仆，经常按照她的意见，重新修改剧本，直到她感到满意为止。

也正是由于莫里哀能虚心向女仆请教，并始终不忘劳苦大众，才形成了他的作品能够切中时弊，并反映民意的创作风格，写出了许多流芳百世的优秀剧本。

阿基米德拜奴隶为师

阿基米德是古希腊伟大的数学家和物理学家。他出生于西西里岛叙拉古城一个贵族家庭，从小就受到了严格的体育和智育训练，养成了勤奋求学的良好习惯，一生都是在孜孜不倦地探索中度过的。

有一天，年轻的阿基米德经过一个奴隶市场，看到一个凶残的奴隶贩子正在折磨一个老人，善良正直的阿基米德实在看不下去，他怒不可遏地冲上去，把老人从奴隶贩子的手中解救出来。

阿基米德把老人搀扶到一边，询问他是从哪里来的？为什么被贩卖到这里？从老人的诉说中他得知，原来这位老人竟是当时世界上的学术圣地——亚历山大城中的著名数学家科隆。科隆是在出海进行一次星体观测时，不幸遇到了海盗，被海盗作为奴隶卖到了罗马，以后又被奴隶贩子卖到了叙拉古城。

阿基米德本来就是一个极富同情心的人，他十分痛恨残酷的奴隶制度，更不能容忍自己尊敬的数学家被奴隶贩子像贩卖牲口一样卖来卖去，他立即用钱将科隆赎了出来。

阿基米德把科隆接到自己家里养伤，生活上处处关心照顾他，决定待伤好后再送他回亚历山大城。

在与阿基米德相处的日子里，科隆发现这名叙拉古城的年轻人不仅有一颗善良的心，而且思维敏捷，勤奋用功，对科学问题有浓厚的探索精神。科隆决定将自己一生积累的数学知识毫无保留地传授给这个好学的年轻人。

阿基米德也把科隆当成自己的老师，虚心向他学习。在科隆的精心指导下，阿基米德心中一些数学疑团一个一个解开了，眼界更加开阔了，他十分感激科隆先生对自己的指点和帮助。当科隆要离开叙拉古城时，他们师生已经成为难舍难分的好朋友了。

为了使阿基米德这样才华横溢的年轻人能有继续深造的机会，科隆回去后，就积极为邀请阿基米德到亚历山大城学习作准备。

阿基米德来到圣城亚历山大以后，无暇欣赏秀丽的城市景色，而是全身心地投入到学习中。他整天在图书馆里，如饥似渴地阅读不朽的数学经典佳作——欧几里得的《几何原本》和其他的科学著作。不知不觉中，他在这个科学的圣城度过了三个春秋，学业上取得了长足的进步。

当阿基米德带着一捆捆整理好的学习资料回到叙拉古时，他已经成为一名成熟的学者了。他始终不忘科隆先生对自己的教诲和帮助，一直和亚历山大城的科学界朋友们保持着密切的联系。阿基米德在科学研究上取得了一个又一个的成就，很快这些消息就传到了亚历山大城和世界其他地方。阿基米德成了人们所钦佩和尊敬的著名科学家。

拓展阅读 ··

称量皇冠的难题

国王打造了一顶金皇冠，却怀疑工匠制造皇冠时，私下吞没了一部分黄金，把同样重的银子掺了进去。于是把阿基米德找来，要他想法测定。这可把阿基米德难住了。

有一天，阿基米德在洗澡的时候，脑子里还想着称量皇冠的难题。突然，他注意到，当他的身体在浴盆里沉下去的时候，就有一部分水从浴盆边溢出来。同时，他觉得入水愈深，则他的体量愈轻。于是，他立刻跳出浴盆，忘了穿衣服，就跑到街上去了。一边跑，一边叫："我想出来了，我想出来了，解决皇冠的办法找到啦！"

他进皇宫后，对国王说："请允许我先做一个实验，才能把结果报告给你。"国王同意了。阿基米德将与皇冠一样重的金子、一块银子和皇冠，分别一一放在水盆里，看金块排出的水量比银块排出的水量少，而皇冠排出的水量比金块排出的水量多。

阿基米德对国王说："皇冠掺了银子！刚才的实验表明，皇冠排出的水量比金块多，说明皇冠的密度比金块的密度小，这就证明皇冠不是用纯金制造的。"阿基米德有条理的讲述，使国王信服了。实验结果证明，那个工匠私吞了黄金。

老学生和少老师的真挚情谊

伊能忠敬是日本19世纪著名的天文学家和地理学家，但他拜师学习天文学和数学却是在50岁时才开始的，他所求教的老师——高桥至时比他年轻18岁。这对老学生和少老师对日本的天文学和地理学作出了卓越的贡献，受到日本人民世世代代的颂扬。

伊能忠敬，诞生在日本千叶县东海岸的一个小村子，他从小就酷爱学习，但由于家境贫寒，没有拜师求学的机会和条件，小小年纪就给人家做奴仆，后来又流落他乡。在外乡流浪期间，他当过学徒，打过短工，做过和尚，受尽了磨难，但拜师求学的愿望始终没有改变。

在伊能忠敬18岁那年，一个有钱人家因看他忠诚老实，精明能干，就把女儿嫁给了他，让他支撑门户，治理家务。繁忙琐碎的家务占去了他大量的学习时间，他为此十分苦恼。他49岁那年，妻子病逝了。50岁时，伊能忠敬认为自己可以实现外出求学的愿望了，于是，他把家业交给儿子管理，就独自一人到东京都求学去了。

伊能忠敬到东京都后，刻苦地学习天文和数学，不久，学业上就有了很大的长进。当时，在东京都有一位32岁的年青学者，叫高桥至时，他已经是日本大阪田学派著名的天文学家。当伊能忠敬了解到高桥至时的情况后，就一心想拜这个比自己小18岁的学者为老师。他诚恳地向高桥至时提出拜师求学的愿望，而高桥至时也被他强烈的求学精神感动了，答应收他为弟子。

从此以后，伊能忠敬在高桥至时门下，夜以继日地刻苦学习。由于他的勤奋好学，高桥至时决定将自己的全部才学都传授给这个比自己大十多岁的学生。

就这样，从1800年到1817年，伊能忠敬在跟随高桥至时学习的过程中，与老师走遍了日本的山山水水，精确地绘制出了日本第一套最完整、最准确的地图——《大日本沿海舆地全图》，共计200多张。伊能忠敬终于成为日本著名的天文学家和地理学家。

当伊能忠敬70岁那年，他的老师高桥至时不幸病故了。74岁那年，他自己也病重在床。临终前，他对朋友和家人说："我所以能够完成全日本的测量事业，完全出于先师高桥至时的赐教。我死后，你们一定要将我葬在先生的墓旁，以谢恩师。"伊能忠敬死后，家人执行了他的遗嘱。

后人在纪念这两位著名学者时，不仅缅怀他们对科学的卓越贡献，而且赞扬他们之间真挚的师生情谊。

董沄七十拜师

明朝嘉靖年间，太湖流域有一个名叫董沄的学者，是一个小有名气的诗人。他好学不倦，求知若渴，68岁时游学到会稽（今浙江绍兴），听人说王阳明在深山讲学，便赶去听讲，一连听了几次，越听越觉得王阳明的学识渊博，越听越觉得自己的知识浅薄，于是，提出要拜王阳明为师。当时王阳明只有53岁，王阳明执意不肯，认为年轻人不适宜收年长人为学生。董沄的朋友也劝他说："你这么大年纪了，何必那么用功呢？"董沄却说："我年岁虽然大了一点，可是在过去的六十多年中，我学到的东西太少了，今天找到了这样一位好老师，我决心从头学起！"

两年以后，董沄已70岁高龄。这年除夕，北风呼啸，天上飘着雨雪，董沄冒着严寒，身背行李，一跌一滑地从住地赶到会稽的深山里。这天夜里，70岁的董沄向55岁的王阳明行了跪拜礼，正式拜王阳明为师。在昏暗的烛光里，两个白发老者相对守岁，开始了师生的第一课。

冬去春来，时间又过去了两年，王阳明不幸逝世，董沄痛心疾首，老泪纵横地安葬了老师。董沄恨自己拜师太晚，学的东西太少了。从此，他开始专心钻研王阳明的著作，一直坚持到去世。

第三编

DI SAN BIAN

难忘师训 不负师恩

颛孙师衣襟记师训

颛孙师，字子张，是孔子七十几名得意门生中的一个。他为人稳重、做事细心，学习也很用功，而且在学习期间就有将来要从政的想法，因此向孔子提出了"一个人怎样才能在天下通行无阻"的问题，孔子说："如果一个人忠诚信实，说话尊重事实，不夸大，不缩小，而且言行一致，办事认真，为人谦恭敦厚，那么他就是来到不开化的部落里也会畅行无阻；如果一个人言行不一，为人虚伪奸诈，那么就是在他自己的家乡里做事，他也会寸步难行的。而这个'忠诚信实'要怎么样才能一刻也不离开你呢？当你站着的时候，你就应当感到这几个字就在你的眼前；而你坐在车上的时候，就如这几个字写在车前的横木上一样，如果能做到这些，天下各地还不任你通行吗？"

颛孙师很受启发，觉得老师的话讲得非常深刻，想要把它记下来，然而身边又没有竹简。他急中生智，把扎袍子的腰带解下来在地上展平，用篆书在上面工工整整地记下了老师的教导。

颜渊为师乞米

颜渊，春秋末期鲁国人，出身于贫穷人家，但天资聪颖，贫而好学，是孔子的得意门生。

一次，孔子带领学生周游列国，路过匡城时，被守军团团围住。颜渊因为走得慢，掉了队，可一听说老师有难，也不顾个人安危，火速赶到匡城。孔子见颜渊冒着危险赶来，非常感动，连声称赞他是个好学生。

后来，他们在去陈国、蔡国的路上，又一次被乱兵围困，一连7天没有生火做饭，随行的人又疲劳、又饥饿，愁苦不堪，有的还病倒了，孔子及其弟子们面临着严酷的考验。

颜渊见老师挨饿，于心不忍，就千方百计地从一个士兵那里讨来一点米，急忙给老师生火做饭吃。饭快熟时，颜渊操之过急，不小心将一块泥土带进锅里。他想：不干净的饭，绝对不能给老师吃；扔了吧，太可惜了。于是，他把带土的饭挑出来，自己吃了。

这一情景，碰巧被同学子贡看到了，他以为颜渊偷吃饭，就告诉了孔子。孔子不知真假，便对颜渊说："一会儿吃饭时，先祭祖先，必须要用干净的饭!"

颜渊一听，急忙把刚才的事如实说出，请老师处罚。孔子听后，不但没有处罚他，反而夸他做得对，说他是一个品德高尚的人。

唐伯虎拜师学画

唐寅，字伯虎，明朝著名的画家、文学家，吴县（今江苏苏州）人。唐寅从小聪明过人，不仅读书作文一般人比不上，画也画得好，山水、人物、花鸟、松石，都画得活灵活现，连当地一些很有名望的人也请他作画。这样一来，唐寅就以"神童"自居，自以为了不起，学习也不肯吃苦了。母亲看着儿子年纪轻轻就傲气凌人，长此以往十分危险，就让儿子打点行李，到大画师沈周那里拜师深造，学习绘画。

沈周早年也以"神童"享誉江南。八岁即游学南都，做百韵诗献给巡抚侍郎崔恭，受到赏识。沈周看小唐寅一表人才，高兴地收下了这个徒弟。每日朝夕教习，唐寅进步很快，学了不久他的画就画得很不错了，得到很多人的称赞。一年下来，唐寅拿自己的画偷偷地跟老师的去比，不论是画技还是画法，都认为已经没有任何差别了。唐寅暗想：我学习画画已经一年多了，母亲一定很想我。现在我已经画得和老师差不多了，也该回家看看母亲了。唐寅就买了很多礼品去见老师，向老师请假。沈周什么也没说，只说要为唐寅饯行。

　　到了送行那天，沈周准备了很多饭菜。等唐寅吃过之后，把他带到了一间屋子里。唐寅进门一看，发现这间屋子的位置很特别，布置也很有特色，屋子四面都有一扇门，从每扇门望出去都会看到花园。花园的景色非常美，有的是红花绿柳，有的是小桥流水，有的是曲径通幽，还有的是花团锦簇。唐寅心里很纳闷：我在老师家待了这么长时间，怎么没有发现这样一个好玩的地方。于是，他就想从离他最近的那扇门进入花园。可他刚一迈步推门，门不仅没推开，人却被撞了回来，他忙又去推第二扇门，结果又被撞了回来，连开三个门都碰了一鼻子灰。唐寅着急地说："老师，这些门都锁着，我怎么出去观景呀？"沈周笑着对他说："你走上前去摸一摸，仔细看看是上了锁吗？"唐寅赶紧走上前一摸，这些哪里是门和花园呀，都是一幅幅老师画的画，挂在了墙壁上。唐寅的脸一下子羞得通红。他转过身来，扑通跪在老师面前，说："老师，请您原谅学生的无知吧！我不想回家省亲了，我要留下来继续跟您学习。"

　　沈周把唐寅扶起来，将唐寅送的礼退还给他，语重心长地说："尊重老师不只是表现在礼仪上，更重要的是要根据老师的教导去做，你浅尝辄止，怎么能学到更高深的画技呢？"此后，唐寅为了学习画技，就在老师的小屋旁边建造了一座同样的小屋，一天到晚揣摩老师的画，画了一遍又一遍，遇到不懂的就请教老师。沈周有一次说："唐寅呀，学画可不能光临摹哟，我的小屋无窗，你可不能也无窗噢！"唐寅一想也对，就把门窗都画上。花开花落，秋去冬来，不觉三年过去了。春节将至，唐寅出去买了些鱼和肉，和师母一起做好，端到自己的小屋里。唐寅请老师沈周和师母坐首座，自己斟酒，感谢老师的辛勤教诲。忽然一只猫从门外窜进来跳上桌子，唐寅"啪"地一掌打去，那猫儿纵身一跳，想从"窗户"逃出去，不料刚到窗口就摔了下来，它连跳三个窗口，都没有逃出去，最后还是从大门跑了。沈周一见，哈哈大笑道："唐寅呀，功夫不负有心人，你该回家看你母亲了呀！"

唐寅辞别老师，回家探望母亲，此后，他又继续苦练，终于成为与沈周、文徵明、仇英并驾齐驱的明代四大画家之一。

谨遵师训　心系国家

抗清名将史可法是明朝崇祯时期的进士。他的老师左光斗，为人方正清廉、刚直不阿，对他的影响颇深。

天启四年，左光斗因为揭发宦官魏忠贤的罪恶，受陷害被捕入狱，关进了东厂大牢，受尽了折磨。史可法听到消息后，心痛如刀绞，想去大牢探望老师，可是，太监防范极为严密，连家里的仆人送换洗的衣服都不让见面。有一次，史可法得知奸党对老师施用了"炮烙"酷刑（即用烧红的铁器烫身），急得心如火焚。他用了50两银子上下打点，求狱卒让他见老师一面。狱卒为他的诚意所感动，让史可法打扮成一个打扫垃圾的杂役，身穿破衣，手拿扫把，进入牢房。这时，左光斗已被折磨得遍体鳞伤，下身瘫痪，气息奄奄。史可法走到老师跟前，鼻子一酸，眼泪扑簌簌地流了下来，跪在地上，喊了一声"恩师"，抱着左光斗痛哭起来。左光斗听到哭声，强睁开眼，看见了眼前的史可法，万分悲痛地说："可法呀，你太使我失望了。现在是什么时候，你竟冒杀头的危险，来看我这将死的老头，值得吗？国家的事情已经如此败坏，有多少事等着你去做啊！你马上离开这危险之地。"史可法听着老师的话，心中更加崇敬老师，老师在生命垂危之际，仍然一心为国家的安危而忧虑，置个人生死于度外。史可法心里难受极了，哭得像个泪人儿。左光斗恼怒了，他骂道："你这不中用的奴才，我本指望你为国家做一番事业，你反而哭哭啼啼，真让我失望，你再不离开这里，我就用这铁镣砸死你！"史可法只得跪着给老师磕了三个头，含着热泪说："恩师，我听您的。"于是，依依不舍地离开了大牢。

此后，史可法时刻牢记恩师的教导，为国为民，尽心尽力，政绩显著。

清兵入关后，他担任南明王朝的兵部尚书。他外出不张伞盖，吃饭不备两菜，睡觉不脱盔甲，与士兵同甘共苦，坚持抵抗清军。在扬州保卫战中，史可法率城内军民浴血奋战，宁死不屈，以身殉国，没有辜负恩师的期望。

梁启超随师变法

近代著名学者梁启超，自幼天资聪慧，勤奋好学，8岁时就能写诗文，12岁考中秀才，15岁中举人，当时人称"神童"。

1890年秋，梁启超听到康有为上书皇帝的事，心中很崇拜，便于1891年拜康有为为师。他在康有为主持的"万木草堂"读书3年，学业优秀，成了康有为的得意门生。

1894年，清政府在甲午战争中惨遭失败。1895年清政府向日本妥协议和。清政府割地赔款，这种丧权辱国的做法，激起了广大爱国知识分子的无比愤慨。康有为、梁启超当即发动1300多名在京会试的各省举人，向光绪皇帝上万言书，提出了拒和、迁都、变法三项要求，这就是历史上有名的"公车上书"。接着，他们又组织编印、出版了许多介绍西方文化的书籍，还创办了宣传维新变法的报纸《中外纪闻》。

1896年，强学会在上海办起了《时务报》，梁启超担任主编，他亲自撰文，写了许多思想进步、文字流畅、通俗易懂的政论文章，严厉地批判封建政治，激烈地鼓吹变法维新，在广大进步的知识分子中产生了强烈的反响。梁启超的名字，也随着报纸的大量发行而名扬四海。

1898年6月，光绪皇帝采纳了康有为、梁启超的建议，宣布变法，实行新政。7月3日，光绪皇帝专门召见梁启超，对他的才华大加赞赏，赏赐他六品官衔，命他负责办理大学堂和译书局的事务。

9月2日，封建顽固派慈禧太后突然发动政变，囚禁光绪皇帝，逮捕并杀害维新志士，废除新法。康有为、梁启超闻风逃往日本，维新变法宣告失败。

梁启超自投师康有为后，接受了康有为的维新变法思想，一直追随老师积极参加变法活动，在舆论宣传鼓动方面做得尤为出色。他的名字与老师的名字紧紧连在一起，人们称维新变法为"康梁变法"。

云敞葬师　忠义绝伦

汉朝云敞，字幼儒，平陵人，他师从一代名儒吴章学习儒学，对老师非常地尊敬。吴章是《尚书经》的博士，追随他求学的学生达一千多人。

西汉末年王莽专政，引起全国上下的不满。他横征暴敛，刑罚严苛，给百姓摊派了繁重的赋税和徭役。他毒死汉平帝，自称帝王，滥加封赏，又不断挑起对匈奴地区以及东北西南各族的战争。人们对他的不满情绪日渐高涨。

王莽的长子王宇深表不平。想到孔子所说的"为仁由己，而由人乎哉"，王宇决定挺身而出，仗义执言。他去向他的老师吴章求教，商讨如何能够遏止王莽的种种恶行。吴章认为，王莽此时怙恶不悛，一意孤行，而且大权在握，他是无法听得进任何人的规劝的。他做事狠戾凶残，不循从道德良心做事，而且又喜欢装神弄鬼，对鬼神灵异的那些神神怪怪的说法深信不疑。所以不如就顺水推舟，搞一些怪异事件来吓唬吓唬他。再套用那些歪理邪说，说明他已经众叛亲离，天怒人怨，连上天都将要降下大祸于他，从而逼他退位，永绝后患。王宇觉得这个办法很好，于是就派吕宽提着一桶血，在半夜三更四下无人的时候，把红惨惨的血水泼洒在王莽的大门上。仿佛是鬼神留下的诰谕，希望他迷途知返，不要再为非作歹、滥杀无辜。然而吕宽的行为，却被守夜的门卫查知，事情很快就败露了。丧尽天良的王莽，不但亲手害死了自己的儿子，而且对怀有身孕的儿媳，也痛下了毒手。不但如此，王莽还诛杀了皇后的娘家卫氏家族的族人，并借机铲除异己。

在这次事变中，被无辜害死的人达一百多人。身为儒林领袖，吴章为他常怀于心的道德节义，用生命的代价，写下了最为重要的一笔，他威而不屈坦然就义，最终被王莽下令施以酷刑。残忍至极的王莽派人将他的肢体一节一节地割下，腰斩于东市门外。孔子说："仁远乎哉？我欲仁，斯仁至矣。"读书人敢为天下先的志节，正是吴章对奉持一生的儒家之道所作出的美壮绝伦诗篇般的注解。

吴章是一代大儒，追随他的弟子达一千余人之多。王莽认为他们全都是同党同伙的恶人，要全都禁锢关押起来，其中更不允许有任何人留在朝廷中做官。谁都清楚王莽的做派，连自己亲生儿子都敢痛下毒手的人，还有什么事情做不出来？为了躲避突如其来的横祸，也为了继续保有仕途上的光明前程，吴章的学生们开始在朝野中，公然宣称自己不是吴章的学生，而早已师从其他某某人，早就不在吴章门下了。当时云敞官居大司徒掾，老师的惨死使他悲伤欲绝。每每想起老师深切的爱护和不倦的教导，那师徒如父子般至亲至爱的天伦之情，和老师那道义浩然的举手投足、一言一动，不住地在他的脑海中盘旋荡漾。老师终其一生守仁守义直到尽处，他笃行不怠的言传身教，长长远远地活在了学生的心中，纵使历经岁月流逝也永远都不会消失。云敞决心挺身而出，为最为敬爱的老师，谨守为人学生的一点微不足道的情义。当时正值风雨飘摇、局势动荡的剑拔弩张之时，云敞一路哭号跪拜着来到老师体无完肤的尸首前，肝肠欲碎。他大呼着自己就是吴章的学生，他悲切的哭声蕴含着对老师至深的追念，他将老师的尸首一块一块小心翼翼地包好，护在自己的怀中，泣不成声举不成步地哭号着回去。他不畏惧天下的人都知道他是吴章的学生，他不畏惧自此而后他就是冲在最前方的恶党与罪魁，他只知道老师坚守仁义直到尽处，而他自己终生实践的正是老师最深切的教诲。云敞公然按照师礼把老师的尸首敛棺而葬，他悲切的哀号之声倾动了朝野，使整个京师的人都为之瞩目。车骑将军王舜被他的义行深深感动了，他赞美云敞就如同栾布一样地有情有义，并推荐他为中郎谏大夫。云敞屡屡以生病为由，避隐在家终老余生。

千百年来，云敞成为了学生承事老师，忠义绝伦的典型模范。

曾经有一首古老的谣谚这样地写道："沧浪之水清兮，可以濯我缨；沧浪之水浊兮，可以濯我足。"这正是说，政治清明的时候，读书人可以振缨而仕，到了乱世之世，则可以抗足而去。孔子说："三军可夺帅也，匹夫不可夺志也。"读书人坚勇的志节，往往正是在力敌万夫的危难关头，表现得甚为壮烈，他坚韧不屈、坚忍不拔，一直把为人应有的道义尽到了极处。

诸葛亮不忘师训

诸葛亮，人称"卧龙"，是三国时期著名的政治家、军事家和外交家。

诸葛亮小的时候，八九岁了还不会说话，家里又很穷，就打发他到山上放羊。这山上有一个道观，道观里有一位白发的老道人。老道人每天都走出道观闲转，看到了诸葛亮就会逗他玩，比比划划地问这问那，诸葛亮也都乐呵呵地用手势一一作答。老道人看诸葛亮非常聪明可爱，就心生喜欢，为他看病，不久就把诸葛亮不会说话的毛病治好了。

诸葛亮会说话了，非常高兴，跑到老道人那里表示感谢。老道人说："回家和你爹娘说，我要收你为徒弟，教你技艺识字，学习天文地理、阴阳八卦以及用兵之道。如果你爹娘同意，你就来上课吧，但是不许有一天旷课。"

从此，诸葛亮就拜这位老道人为师，风雨无阻，天天上山求教。他聪明好学、专心致志，读书能过目不忘，听讲一遍就能记住了。老道人对他越发喜爱。

转眼间七八年过去了。

就在这山的山腰间，有一座庵，诸葛亮每天上山都要从这庵前经过。有一天，他下山走到这里，突然狂风大作，铺天盖地地下起大雨来。诸葛亮赶紧躲到了庵里避雨，一位从未见过的女子把他迎进了屋里。只见这女子生得面如桃花，细眉大眼，妖娆仙姿，犹如仙女下凡一般。诸葛亮不由得心中一动：这庵里竟然有如此美丽的女子！临走时，这女子又把诸葛亮送到了大门口，并说："今日起，我们算是认识了，往后渴了累了就来此歇息用茶吧。"

从此以后，诸葛亮每到庵中来，这女子便殷勤招待，**盛情挽留**，还做好吃的饭菜。吃过饭后，他们不是说笑，就是下棋逗趣。与道观相比，这里真的是另一番天地。

诸葛亮由此对学习产生了倦怠情绪，对师父传授的知识也是左耳朵听，右耳朵冒。书上的知识，也是读一遍不知啥意思，再读一遍，还是记不住。他总是笑着从庵里出来，愁容满面地进观去。

这样的状态被老道人看出了端倪，老道人叹着气说："真是毁树容易种树难啊，我这些年下的功夫算是白费力气了。"诸葛亮听到了师父的话，非常惭愧："师父，你放心吧，我一定不辜负您对我的期望。"

"这话现在我不信。"老道人说："我看你是一个聪明的孩子，想教你成才，所以治好了你的哑病，收下你当徒弟。从前你聪明又勤奋，师父我教你也不觉得苦。而现在你由勤奋变懒惰了，虽然聪明但也枉然啊！"

"师父，这些天我头脑不清，总是昏昏沉沉的。"诸葛亮怕师父怪罪，还为自己找了个理由。

老道人说："风不来，树不动；船不摇，水不浑。"说着，他指着院子里被葛藤缠绕的一棵树让诸葛亮看："你看那棵树为啥死不死，活不活，也不往上长？"

"让藤缠得太紧了。"

"对啊，树长在山上，石多土少，但是它的根往下扎，枝往上长，不怕热，不怕冷，努力地长大。可是被葛藤这么一缠，它就长不上去了，这就叫'树怕软藤缠啊'！"

诸葛亮顿悟到了师父的意思，低声说："师父，原来你都知道了啊。"

老道人说："近水知鱼性，近山知鸟音。看你的神色，观你的行动，还能不知道你的心事吗？"停了一下，老道人郑重地说："实话和你说，你所喜爱的那女子，并非人，它原本是天宫的一只仙鹤，因贪嘴偷吃了王母的蟠桃而被贬入人间受苦。它来到人间，幻化成美女，整天无所事事，不知劳作，不知耕耘，只知道寻欢作乐。你只看到了它的貌美，岂不知如同它这般浑浑噩噩下去，终将一事无成啊！"

诸葛亮一听，慌忙问道："师父，这是真的吗？"

老道人说："如果你不信，就请你以后不要再登我这观门啦。"

"师父，我相信，以后我再也不会和她来往了。"

"这还不行，我要你烧掉它的画皮，也好消除你的疑虑，杜绝后患。"

"要怎样烧掉它的画皮呢？还请师父指点。"

"那仙鹤有个习惯，每晚的子时都要变回原形，飞回天河洗澡。这时，你进到她的房间，把她穿的衣服烧掉。那衣服是她从天宫盗来的，一烧掉便不能变为美女了。"

诸葛亮答应按师父的吩咐去办，临行之时，老道人将一把龙头拐杖递给诸葛亮，说："那仙鹤发现屋内起火，会立即从天河飞下来，见你烧了她的衣裳，定不会善罢甘休。如果伤害你时，你就用这拐杖去打，切记！"

这天晚上，诸葛亮悄悄来到了庵内，打开房门，果然见床上只有衣裳而不见其人。他就点火烧了衣裳。

仙鹤正在天河洗澡，忽然心头一颤，便急忙往下张望，看到庵内闪现火光，呼地飞了下来。它见诸葛亮正在烧它的衣裳，就扑上来啄他的眼睛。诸葛亮眼疾手快，拿起拐杖，就将仙鹤打落。他抓住了仙鹤的尾巴，仙鹤拼命地挣脱，结果尾巴上的羽毛被诸葛亮抓落了。

仙鹤丢了尾巴，样子与其他仙鹤甚是不同，自己也知道丢人现眼，从此就再不去天河里洗澡了，也再不敢混进天宫去偷可以变成美女的衣裳了。它从此留在了人间，混进了白鹤群中。

诸葛亮拿着仙鹤的羽毛去见师父。老道人说："记住这个教训吧，要想学好本领，干成一番事业，一定要禁得住诱惑。"诸葛亮不敢忘记这个教训，把仙鹤的羽毛保存了起来，从此更加勤奋努力了。

过了几年，老道人对诸葛亮说，你已"师满"，应该走出家门，去外边闯出一番事业。诸葛亮忙说；"我的学识还浅，想和师父再多学点本领。"师父却说："真正的本领要在实践中学习，书本上的知识，要看天地万物的变化，随时而转，随机应变，才能用得上啊！记住仙鹤的教训，世间万物都不要被其表面的现象所迷惑，要小心行事，洞察其本质。这就是我对你的临别嘱托。今天我就要走了。"

"师父，你要去哪里啊？以后我要去哪里看望你呢？"

"四海云游，没有定向。"

顿时，诸葛亮热泪盈眶，说道："师父要走，请受徒儿一拜，感谢师父的栽培之恩。"

　　诸葛亮躬身拜罢，抬头已不见师父的踪影。

　　老道人临走给诸葛亮留下了一件东西，那就是他后来常穿的八卦衣。诸葛亮怀念师父，把师父的八卦衣穿在身上，只当是师父永远在身边。诸葛亮还不忘师父的教诲，把保存的羽毛制作成了扇子，拿在手中，时刻提醒自己要谨慎行事。

岳飞祭奠恩师

岳飞从小就有一副结实的身板，这是劳动锻炼的结果。在他十几岁的时候，就能拉三百多斤的硬弓。当时有一位武功师父，名叫周侗，他擅长射箭，好多人都拜他为师，学习箭法。岳飞的同村人见他小小年纪就有如此大的力气，就推举他到周侗的门下学习箭法。

学过一段时间以后，有一天，周侗把弟子们都召集到了一起，连发三箭，都射中了百步以外的靶心。弟子们见了，都在一旁为老师喝彩。周侗对弟子们说："你们要练到这种程度，我才能向你们传授更精深的技法。"

岳飞急于学到老师的精深技法，于是走到了周侗的面前，恭恭敬敬地鞠了一躬，而后说："老师，请让我也射三箭试试吧。"

周侗点头答应。于是，岳飞拉弓搭箭，瞄准靶心，"嗖"的一声，靶心上原有的箭应声落地。紧接着，岳飞又射了一箭，同样的情况又再次发生。

周侗见此非常高兴，当即就把自己最心爱的两把弓送给了岳飞。此后，更是将自己的毕生所学本领毫无保留地传授给了岳飞。

在周侗的教授下，岳飞的箭法突飞猛进，能够左右开弓，百发百中。后来，他又师从陈广学习枪法，练就了一身出类拔萃的好枪法。

就在岳飞武艺一天天进步的时候，老师周侗却不幸去世了。岳飞为此非常难过，每逢初一、十五，他都要准备好酒肉，到老师的墓前祭奠。他手中拮据，又不忍拖累家里，只好典当衣服。不久，他就连换洗的衣服也没有了。父亲发现了，就问他原因，岳飞却只是低头不语。父亲很生气，动手打了岳飞。而岳飞忍着疼痛，还是一声不吭。

父亲觉得很奇怪，于是就暗中留意岳飞的举动。到了初一那天，儿子又出去了，他就悄悄地跟在后面。只见岳飞来到了周侗的墓前，先取下弓连射了三箭，然后恭恭敬敬地跪下，把肉埋在了墓侧，又浇上了酒，脸上显得非常悲伤。

父亲看到这些，感动得热泪盈眶，三步并作两步走到了儿子面前，问："你跟随过很多老师学习武艺，为什么单单祭奠周老师呢？"

岳飞说："老师肯在几天的时间里就把他毕生摸索出的技艺都传授给我，使我能有今日这样的技艺，老师生前，我没能报答他，如今也只能在老师的墓前祭奠他了。"

父亲听了，感到儿子已经长大成人了。他抚摸着儿子被他打伤的脊背，问："你对恩师都能够这样怀念，如果以后国家需要你，你也一定能够忠心报国了。"

　　岳飞昂起头，坚定地回答："孩儿将来定要拼杀疆场，尽忠报
国！"

礼震才请求替师受刑

欧阳歙是西汉初年著名的学者。其先祖为欧阳生。

秦王嬴政统一六国后，建立起专制主义的中央集权政治制度。为了禁锢人们的思想，曾焚书坑儒。博士伏生冒杀头之祸，把《尚书》保存下来，并把《尚书》又传给了欧阳生。

欧阳生把《尚书》传给他的子孙。传到第八代是欧阳歙，并形成了欧阳"尚书派"。由于这一派是得到伏生的真传，在社会上很有地位，拜欧阳歙为师的有千人之多。

欧阳歙学识渊博，为人忠诚老实，对学生呕心沥血，循循善诱，非常受学生的爱戴。但发生了一件不幸的事儿，欧阳歙获罪下了监狱。他的学生听说了，纷纷到洛阳皇宫门前请愿。有时多到千人。可是朝廷却不闻，不问、不放。

平原郡有个青年叫礼震才，听说老师被判处了死刑，非常难过，连夜赴京师。走到半途，他让人用绳子把自己捆起来，托人把他送到洛阳监狱，坚决要求自己替老师受刑。监狱看守说："古今中外还没见过这种事，我们不敢做主。"这样他就给皇帝上书，要求替师受刑。他的奏稿这样写道："我的老师欧阳歙是学界宗师，世传八代博士。他的儿子年纪尚小，尚不能继承欧阳博士的学业。博士死后，《欧阳尚书》将失传。如果这样，陛下岂不是背上了杀戮贤臣的罪名，而学界从此也将失去最好的导师。这将是学臣无法弥补的损失。我恳请陛下能允许我顶替欧阳老师的死罪……"

可惜表章呈上后，待批期间，欧阳歙就病死在狱中了。礼震才坚决要求替师受刑，却传为千古佳话。

文天祥效师英勇就义

文天祥，是一位大义凛然的民族英雄，他的英名，他的事迹，早已彪炳于史册。他写下的《过零丁洋》《正气歌》《指南录序》和《后序》等诗文，数百年来为人们所传诵，他的爱国主义精神一直鼓舞着后来人。

文天祥的家乡在吉州庐陵（今江西省吉安）。20岁时，曾进白鹭洲书院就读。这个书院的首创人叫江万里，他是江西都昌人，曾在朝廷里做过一段时间的左丞相。他为官清廉、正直，名声很大。江万里任吉州地方官时，在城东的白鹭洲上造了一所书院，名为白鹭洲书院，并亲自主持讲学。文天祥最崇拜他的老师江万里。

江万里生性耿直，遇事敢于直言，皇帝虽然对他"眷注尤厚"，但奸相贾似道却"恶其轻发"。所以，江万里几度入朝做官，都不能久在其位。由于皇帝无能，军国大事，几乎全被贾似道一人操纵。

文天祥同他的老师江万里一样，由于对待奸相贾似道的态度不好，一再被排斥，而遭到弹劾去职。

1273年，文天祥任湖南提刑，江万里正做湖南安抚使，他们在长江见面，一起议论国家大事，不免感慨万分。江万里语重心长地对文天祥说："我已很老了，但依我看，将来的世道必然会有大的变化，改变这一世道的责任，大概就落在了你等的身上了，你一定要努力啊！"

他把挽救国家危局和命运的希望，全部寄托在赤胆忠心的后辈人的肩上。

江万里的一番话，深深地铭刻在文天祥的脑海里。在他的心目中，江万里始终是一位值得敬重的老师，是足以效法的忠公体国的大臣。这一席话，对文天祥以实际行动投入救亡斗争，产生了巨大的影响。

江万里不能像文天祥那样奔走呼号，组织义军，却抱定了以身殉国的决心。

襄阳、樊城相继陷落，江万里特地在江西饶州自己府第的后圃中，凿了一口池子，题曰："止水。"江上的警报一到，他拉着一个门人的手，道出自己的由衷之言："形势已经无可挽回了，我虽然不是当官的了，但也应该与国家共存亡。"

元兵进城时，江万里投池殉国。在他的感召下，他的手下人和儿子都相继自杀，他的弟弟江万顷则被元兵杀死。国破家亡，满门忠烈。

　　此时，文天祥已被元朝当局囚禁在大都狱中，正进行不屈的斗争。老师以身殉国的消息辗转传来，他不胜悲恸，痛惜不已。他一生最仰慕的是那些忧国忧民、刚直不阿的忠臣。老师的死，震撼着他的心，他要效法老师，斗争斗争。

　　两年后，他终于神色自若地走向刑场，英勇就义。

冒雨探恩师

　　1983年春天，一个细雨霏霏的日子，著名漫画家张乐平怀着兴奋的心情，一手打着雨伞，一手提着糕点，前去探望陆寅生老师。

　　陆寅生已经是80多岁的老人了，突然见到分别50多年的学生，高兴地说："哟，你就是当年的张升同学呀！让我好好看看！"陆老师把张乐平上上下下仔细地打量一番后说："对、对，像的、像的！真没想到！"原来，张乐平在读高小时的名字叫张升。有一年，北洋军阀曹锟以5000银元一张的代价，向议员们收买选票，当上了总统，受到国民的责骂。陆老师以此为题，指导张乐平画政治讽刺画。张乐平从此爱上了漫画创作，走上了从事漫画创作的生涯。后来，张乐平以画《三毛流浪记》等一系列三毛形象而闻名于世。但当时因军阀混战、社会动荡，张乐平与陆老师失去了联系，陆老师一直不知道大名鼎鼎的张乐平就是他的学生。50多年过去了，张乐平对教他画第一张漫画的启蒙老师一直念念不忘，四处打听陆老师的下落。1983年3月，张乐平终于打听到陆老师的住址，便立刻前往探望。

张乐平紧紧握着老师的手，亲切地说："陆老师，您好！有50多年没见到您了，我一直都在惦记着您呀！我的第一幅漫画是您教我画的，我一直没有忘记您哪！"陆老师感动得热泪盈眶，连忙说："难得，难得！我一直不知道张乐平就是你呀！我可是《三毛流浪记》的忠实读者。几十年过去了，难得你还想着我，不容易啊！"师生两人侃侃而谈，仿佛有说不完的话，有诉不尽的情。

金牌赠恩师

　　被誉为"体操王子"的李宁，1963年出生在广西壮族自治区柳州市。他8岁开始练体操，10岁荣获全国少年自由体操冠军。在第6届世界杯体操比赛中，他一人独得7块金牌中的6块，创下了体操史上的奇迹。可是，李宁却不止一次地对人说："我在场上表现出来的一切都是教练心血的结晶。"

　　事实的确如此。1980年10月，李宁被选入国家体操队后，由教练张健亲自教授。张教练根据李宁的特点，设计出一套又一套的动作。每套动作一经设计出来，就被列入训练计划。张教练便投入全部精力，全神贯注地陪着李宁练习，并仔细、耐心地纠正李宁的每一个小毛病，直到十分满意为止。李宁练双杠上的动作经常做不好，张教练总是一边讲解动作要领，一边站在椅子上保护他。一堂训练课，张教练有时爬上爬下几十次，结束时早已大汗淋漓。

　　1983年，李宁参加了第23届世界体操锦标赛。回到北京的第二天晚上，他手里拿着一块金牌，来到张健教练的房间，激动地说："张指导，这块金牌给你，你把它收下！"张教练不由一愣："这次你就这么一块金牌，自己留着吧！"李宁坚定地说："这块金牌该归你，你一定要收下！我这次没有了，明年到奥运会上再夺！"张教练的爱人在一旁听得眼睛也湿润了。

1984年，当时最高水平的体育盛会——第23届奥运会，在美国洛杉矶举行。李宁不负众望，一人独得了3枚金牌。回国后，李宁将自己夺得的3枚金牌，一块送给张健教练，另一块送给了启蒙教练——广西体操队的梁文杰教练，仅留下一块作纪念。这充分体现了一名优秀运动员的尊师情。

听党的话，就是听老师的话

程俊英，女，生于1901年，1922年毕业于北京女子高等师范学校国文部，著有《中国大教育家》《诗经译注》《诗经漫话》，参加《资治通鉴长编》标校整理。

几十年来，她一直珍藏着与李大钊先生的合影照片，怀念自己最伟大的老师。

李大钊先生在女子师范学校讲社会学和女权运动史，把课堂作为宣传马克思主义的阵地，慷慨激昂地阐述革命道理，教育女学生为争取自身权利斗争，走革命的道路。这使程俊英等一大批学生具有了进步的革命思想，也开始了一些积极行动。

在李大钊先生的教导下，程俊英等几名同学，为反对封建婚姻，商讨决定将汉乐府《孔雀东南飞》改编为五幕话剧，自编自演并聘请李老师导演，陈大悲先生协助、搞古装和布景。程俊英扮演兰芝这一关键性的角色。她牢记李大钊先生的嘱托："这出戏演得好不好，关键在兰芝这一角色，你演得愈悲惨，反封建婚姻的意义愈鲜明。不但要使女观众流泪，还要使男观众流泪。"

　　程俊英不负李老师的教诲，刻苦演练，体会人物感情，深刻领会人物的心理动态。这使她在演出中获得了很大成功，剧目缠绵悱恻，形象传神，充分表现出"五四"时代知识界妇女要求摆脱吃人的封建礼教的束缚、争取婚姻自由的强烈愿望。

　　1927年5月，程俊英听说李大钊先生为革命而牺牲的噩耗，泪流不止，肺腑似裂。沉痛地摘取庭中鲜花一束，向墙上挂的毕业照上李先生像行三鞠躬礼，表示敬仰悼念之意。

　　为慰藉李大钊先生的英灵、不负老师的教育，程俊英一直以李老师的精神鼓励自己前进。新中国成立前，她经常和一些进步学生联系。学校要开除一些进步学生，程俊英设法援助，使有的同学还能留在学校做地下工作。新中国成立前夕，有几位同学被捕，她力求丈夫张耀翔教授营救并探望他们。这在暗探密布、风声鹤唳的恶劣环境中，是难能可贵的。

　　新中国成立后，程俊英决心努力改造自己，争取早日入党，积极为社会主义服务。对于一个老知识分子来说，这个历程是艰难的，但每当她想到李老师的教导，李老师为革命捐躯的英勇精神，便不气馁。个别老友善意地劝她："您已至耄耋之年，应该享受劳保的福利，何必常常写到深夜呢？"她感激这些人的关心，但她不能忘记李老师的教诲。她心里一直想："年纪大了，做什么都慢，只好'以勤补拙'了。"在"文革"当中，四害横行时期，她也没有退缩不前。十一届三中全会以后，她重振旧业，修改存稿，出版了《诗经漫话》《诗经译注》两本书，发表论文多篇，还和蒋见元同志合作，整理了几本古籍。

她心里总是想："我听党的话，也就是听李老师的话。"她勤勤恳恳为党工作，在古稀之年终于实现了自己多年的夙愿，在党旗下庄严宣誓，成为一名光荣的共产党员。

拓展阅读 ··

与师气相连

李大钊少年时期就胸怀救国大志，为了寻求革命的真理，他18岁时考入了天津法政专门学校，以求从研究政理中探求救国良策。

在这所学校里，李大钊最钦佩的就是白雅雨老师。白老师教史地课，他常在课堂上滔滔不绝地讲授历代的兴亡史，严厉抨击清末统治者的腐败和无能。他那渊博的知识，鲜明的爱国热情，给人留下了深刻的印象，在学生中享有很高的威望。他团结了一批有革命志向的青年，李大钊就是其中的一员。

1910年，天津学生为要求清政府设立国会举行罢课。满怀爱国激情的李大钊也参加了。白雅雨老师却不赞成这种改良主义的立宪请愿运动。他认为，必须推翻满清政府，建立共和，国家才有希望。这种彻底革命的思想对青年李大钊产生了很大影响。

1911年10月，武昌起义爆发，李大钊和同学们欣喜万分。接着又传来白雅雨老师亲自领导滦州起义的消息。原来白老师早已加入同盟会，为革命四处奔走，从事运送军火、联络军队的秘密使命。现在革命烽火已经点燃，白老师投笔从戎，直接参加了反清的武装斗争。

不幸的是白老师因起义失败而被捕。在刑场上，他立而不跪，昂首宣称："此身可裂，此膝不可屈。"表现了革命党人大无畏的英雄气概。

李大钊对为革命而献身的白雅雨老师从不忘怀。他常吟诵老师就义前写下的感人诗句："慷慨赴死易，从容就义难。革命当流血……魂随日月旋……希望后起者，同志气相连。"

李大钊正是先生所期望的"后起者"。在白色恐怖下，他担任党的北方区书记，英勇地领导了北方的革命运动。发展了党的组织，壮大了革命队伍，为中国人民的革命事业作出了巨大的贡献。反动派对他怕得要死，恨得要命，下令逮捕了他。1927年4月，年仅38岁的李大钊被奉系军阀杀害于北京。临刑前，李大钊从容地走上绞刑台，发表了最后一次有战斗力的演说："不能因为你们今天绞死了我，就绞死了伟大的共产主义！""我们深信，共产主义必将获得光荣的胜利，将来的世界必定是红旗的世界！"

李大钊和他的老师白雅雨先后被反动派杀害了，然而他们所信仰的事业却取得了伟大的胜利。他们的死是光荣的、壮烈的，他们的英名将永远与事业共存。

陈景润将成绩归功于老师

1973年，著名数学家陈景润在《中国科学》第二期上发表了《大偶数为一个素数及不超过二个素数的乘积之和》一文，在国内外引起强烈反响，在许多外国出版物上，一些数学家赞誉这篇论文是"辉煌的定理"、"杰出的成就"。他自己则说："这篇论文的发表和每一步成果的取得，都应当首先归功于我的几位老师，我终生不能忘怀。"

1933年，他出生在福建省一个邮局小职员家里，少年时就性格内向，唯一的兴趣是演算数学题。1949年陈景润在福州市读高二时，曾在清华大学航空系任主任的沈元老师教他的数学课。一次，他向同学们讲述数论中的一道著名难题——哥德巴赫猜想时，说："1942年，哥德巴赫发现，每一个大偶数都可以写成两个素数的和，但他证明不了，只能称为猜想。两百多年来，世界上成千上百的数学家企图证明，都没有成功。"同时用鼓励的口吻说："自然科学的皇后是数学，数学的皇后是数论，而哥德巴赫猜想就是皇冠上的明珠！同学们有志研究数学，就该力争摘下这颗明珠。"陈景润着了迷，这一愿望便深深地埋藏在这位少年的心里。

第二年，福州解放了，沈老师又回清华了，陈景润考上了厦门大学数学系。1953年，他以优异成绩提前毕业，被分到北京一所中学任教。他讲的福建口音的普通话，教学效果差。适逢母校老校长王亚男来东北开会，了解到他不适合当教师，就将他调到厦门大学，在图书馆工作，让他博览群书，专心研究数学。他没有忘记当年沈元老师的教诲，选定了解析数论中的"他利"问题为突破口，向"猜想"进军。

1956年，在华罗庚推荐下，他被调到数学研究所工作。他深深被这位数学先辈的胸怀所感动，在学通英、俄语的基础上，又自修了德、法两门外语，专心致志，积极探索。相继完成了重要科学论文40多篇，有的成果在世界居于领先地位。1966年5月，在《科学通报》17期上，宣布他已证明了"1+2"。1973年，历尽艰辛，他终于突破了这一难关，在"猜想"研究方面，取得了世界领先地位。用自己的行动回报了30多年前沈元老师的期望。

陈景润的研究成果，除党的关怀、同志们的支持外，主要还包含着前辈们对他的培养心血。沈元的启蒙教育，为他播下了理解的种子；在他困难时期，王亚南给予了及时帮助；华罗庚识才荐举，为他摘取数学皇冠上的明珠创造了不可缺少的条件。每当谈起这些老师的培养帮助时，他总是十分激动地说："我爱他们，尊敬他们，永远感谢他们！"

鲁迅与藤野先生

我国现代伟大的文学家鲁迅先生，1902年曾去日本留学。在仙台医学专门学校教书的藤野先生，对鲁迅的成长影响很大。

藤野先生是一个黑瘦黑瘦的人，留着八字须，戴着眼镜，不讲究吃穿，而把全部精力用在医学研究和教书上。他对鲁迅这个唯一的中国学生，丝毫没有民族歧视，一直是以诚相待、耐心教诲的，甚至比对日本学生还要关怀。

藤野先生教学十分认真，上课时间抓得很紧，一到钟点就把解剖室的门关闭，使迟到的学生进不来，而鲁迅先生从来未迟到过。当时学校里没有课本，上课完全靠笔记，低年级的学生都争着用高年级的旧笔记，鲁迅却坚持自己记笔记。

大约在开学后一个星期，藤野先生派人找来鲁迅，关心地问："我的讲义，你能抄下来吗？"

"可以抄一点。"鲁迅答道。

"拿来我看！"

鲁迅把自己所抄的讲义交给藤野先生，藤野先生第二、三天便把讲义还给了鲁迅，并说，以后每一星期要送给他看一回。鲁迅接过所抄的讲义一看，吃了一惊，同时也感到一种不安和感激。原来鲁迅所抄的讲义已经从头到尾，都被红笔添改过了，不但增加了许多遗漏的地方，连语法的错误，也都一一订正过了。这样一直继续到藤野先生教完他所担任的所有功课。

鲁迅离开仙台的前几天，曾到藤野先生家，向敬爱的先生进行最后的告别。藤野先生赠给鲁迅一张照片，并在照片后面工工整整地写下了两个字——"惜别"。

回国后，鲁迅先生一直把藤野先生的照片挂在自己北京寓所的东墙上，还把藤野先生所改正的讲义订成三大厚本，郑重地收藏着。

1926年秋，鲁迅写下了著名的散文《藤野先生》，满怀深情地记叙了自己和藤野先生认识和交往的经过，抒发了他对藤野先生深沉的缅怀和思念之情。

 拓展阅读

鲁迅弃医从文

起初，鲁迅想通过医学强健中国人的体魄，挽救民族危亡，但他的这种梦想没有维持多久就被严酷的现实粉碎了。

有一次，在一场电影中，鲁迅看到众多"体格强壮，神情麻木"的中国人，在淡然地围观被当作俄国侦探处死的同胞。鲁迅受到极大的打击，这使他认识到，精神上的麻木比身体上的虚弱更加可怕。于是他弃医从文，离开仙台医学专科学校，回到东京，翻译外国文学作品，筹办文学杂志，从事文学活动。当时，他与朋友们讨论最多的是关于中国国民性的问题：怎样才是理想的人性？中国国民性中最缺乏的是什么？它的病根何在？通过这种思考，鲁迅把个人的人生体验同整个中华民族的命运联系起来，奠定了他后来作为一个文学家、思想家的基础。

程砚秋不忘师恩

程砚秋是我国著名的京剧表演艺术家。他父亲早亡，家境贫寒，13岁时，遇到恩师罗瘿公，从此改变了自己的命运。

罗瘿公是清末民初的著名诗人。程砚秋的艺术才华，引起了他的注意。他几乎用自己的全部心血，精心培养程砚秋这棵艺术新苗。他亲自担任程砚秋的文化课老师，耐心细致地给程砚秋讲解文学和历史知识，手把手地教程砚秋练书法，还请了当时较有名气的京剧表演艺术家王瑶卿作为程砚秋的艺术导师。一年又一年，罗老师为程砚秋写剧本，帮他组建自己的戏班子，而王老师则做他的导演和唱腔设计。名师的指引加上自己的努力，使程砚秋在唱腔、表演、念白、舞蹈、化妆、造型上形成了自己独特的艺术风格，从而奠定了京剧"程派"的艺术基础。

20年代中期，程砚秋和梅兰芳、荀慧生、尚小云同被尊为"四大名旦"，而这时程砚秋还不足25岁。

就在程砚秋名声大振的时候，全力抚养、教诲他的恩师罗瘿公却因病逝世了，年仅44岁。

　　程砚秋隆重地把罗老师安葬在北京郊区，并停演了几个月以示致哀。在罗老师去世后的数年里，每当程砚秋离开北京到外地，临行前和归来后都必定到罗老师的坟前祭扫，重温老师的教诲，不忘老师的栽培之恩。

莫泊桑学会用心

莫泊桑是19世纪法国著名作家。他从小酷爱写作，孜孜不倦地写下了许多作品，但这些作品都是平平常常的，没有什么特色。莫泊桑焦急万分，于是，他去拜法国文学大师福楼拜为师。

一天，莫泊桑带着自己写的文章，去请福楼拜指导。他坦白地说："老师，我已经读了很多书，为什么写出来的文章总感到不生动呢？"

"这个问题很简单，是你的功夫还不到家。"福楼拜直截了当地说。

"那——怎样才能使功夫到家呢？"

莫泊桑急切地问。

"这就要肯吃苦，勤练习。你家门前不是天天都有马车经过吗？你就站在门口，把每天看到的情况，都详详细细地记录下来，而且要长期记下去。"

第二天，莫泊桑真的站在家门口，看了一天大街上来来往往的马车，可是一无所获。接着，他又连续看了两天，还是没有发现什么。万般无奈，莫泊桑只得再次来到老师家。他一进门就说："我按照您的教导，看了几天马车，没看出什么特殊的东西，那么单调，没有什么好写的。"

"不，不不！怎么能说没什么东西好写呢？那富丽堂皇的马一回事，跟装饰简陋的马车是一样的走法吗？烈日炎炎下的马车是怎样走的？狂风暴雨中的马车是怎样走的？马车上坡时，马怎样用力？车下坡时，赶车人怎样吆喝？他的表情是什么样的？这一些你都能写得清楚吗？你看，怎么会没有什么好写呢？"福楼拜滔滔不绝地说着，一个接一个的问题，都在莫泊桑的脑海中打下了深深的烙印。

从此，莫泊桑天天在大门口，全神贯注地观察过往的马车，从中获得了丰富的材料，写了一些作品。于是，他再一次去请福楼拜指导。

福楼拜认真地看了几篇，脸上露出了微笑，说："这些作品，表明你有了进步。但青年人贵在坚持，才气就是坚持写作的结果。"福楼拜继续说："对你所要写的东西，光仔细观察还不够，还要能发现别人没有发现和没有写过的特点。如你要描写一堆篝火或一株绿树，就要努力去发现它们和其他的篝火、其他的树木不同的地方。"莫泊桑专心地听着，老师的话给了他很大的启发。福楼拜喝了一口咖啡，又接着说："你发现了这些特点，就要善于把它们写下来。今后，当你走进一个工厂的时候，就描写这个厂的守门人，用画家的那种手法把守门人的身材、姿态、面貌、衣着及全部精神、本质都表现出来，让我看了以后，不至于把他同农民、马车夫或其他任何守门人混同起来。"

莫泊桑把老师的话牢牢记在心头，更加勤奋努力。他仔细观察，用心揣摩，积累了许多素材，终于写出了不少有世界影响的名著。

第四编
DI SI BIAN
崇尚学习 重视教育

头悬梁　锥刺股

（一）头悬梁

孙敬是汉朝信都（今冀州市）人。他年少好学，博闻强记，而且视书如命，晚上看书学习常常通宵达旦。邻里们都称他为"闭户先生"。

孙敬读书时，随时记笔记，常常一直看到后半夜，时间长了，有时不免打起瞌睡来。一觉醒来，又懊悔不已。有一天，他抬头苦思的时候，目光停在房梁上，顿时眼睛一亮。随即找来一根绳子，绳子的一头拴在房梁上，下边这头就跟自己的头发拴在一起。这样，每当他累了困了想打瞌睡时，只要头一低，绳子就会猛地拽一下他的头发，一疼就会惊醒而赶走睡意。从这以后，他每天晚上读书时，都用这种办法，发奋苦读。

年复一年地刻苦学习，使孙敬饱读诗书，博学多才，成为一名通晓古今的大学问家，在当时江淮以北颇有名气，常有不远千里的学子，负笈担书来向他求学解疑、讨论学问。

（二）锥刺股

战国的时候，齐国的苏秦去拜一个叫鬼谷子的人为师，学得了一身谋略策论、能言善辩的本事。学成下山后，他到处游历，希望能有机会一展所长。可惜，游历多年都未得到各国君主的重用，这时候带的盘缠又花完了，只能衣衫褴褛、面黄肌瘦地回到家里。回到家后，家里人看到他那狼狈的样子，都瞧不起他。妻子不肯站起来迎接他，嫂子也不愿做饭给他吃，连父母都懒得和他说话。他们讥笑他说："你不治理产业，不努力去赚钱，却要去干那种耍嘴皮子的事，穷困潦倒，那是你活该！"

苏秦听了这些话后，又是伤心又是惭愧，伤心的是无人理解他的抱负，惭愧的是外出多年还是一事无成。他感叹道："妻子不把我当做丈夫，嫂子不把我当做小叔子，甚至连父母亲都不把我当做儿子——这都是我的罪过啊！"于是他决定谁也不见，闭门读书，尤其刻苦钻研了那本《太公阴符》，仔细揣摩、研究，几乎到了废寝忘食的地步。他准备了一把锥子在身边，每当读书读到要打瞌睡的时候，就拿起锥子狠命刺自己的大腿，鲜血一直流到脚下，却还一边说道："苏秦啊，你难道不想要出人头地、荣华富贵了吗？"就这样，刻苦学习了一年，他自认为终于可以凭借一身所学去游说各国君主了。

后来，苏秦终于成功游说了各国君主，促使东方六国联合起来，抵御西边强大的秦国。鼎盛时期，苏秦曾一人做了六个国家的宰相，富贵荣华，好不威风。

一次，苏秦出使楚国，经过洛阳，他的家人知道了这件事，就远远地跑到离家三十里地的地方去迎候他。他的妻子和嫂子趴在地上，都不敢正眼看他。苏秦于是对他嫂子说："嫂子你为什么对我前倨后恭呢？这可不像以往的你啊！"他嫂子趴在地上，头也不敢抬地说："只因为小叔子您现在官高钱多啊！"苏秦不禁感叹道："贫贱的时候，连父母都瞧不起我；一旦富贵了，家人亲戚就都惧怕起我来了。假如当年我在老家种地的话，又岂能有今日佩带六国相印的荣耀呢！"

凿壁借光　囊萤映雪

（一）凿壁借光

西汉时候，有个农民的孩子，叫匡衡。他小时候很想读书，可是因为家里穷，没钱上学。后来，他跟一个亲戚学认字，才有了看书的能力。匡衡买不起书，只好借书来读。那个时候，书是非常贵重的，有书的人不肯轻易借给别人。匡衡就在农忙的时节，给有钱的人家打短工，不要工钱，只求人家借书给他看。

过了几年，匡衡长大了，成了家里的主要劳动力。他一天到晚在地里干活，只有中午歇晌的时候，才有工夫看一点书，所以一卷书常常要十天半月才能够读完。匡衡很着急，心里想：白天种庄稼，没有时间看书，我可以多利用一些晚上的时间来看书。可是匡衡家里很穷，买不起点灯的油，怎么办呢？

有一天晚上，匡衡躺在床上背白天读过的书。背着背着，突然看到东边的墙壁上透过来一线亮光。他霍地站起来，走到墙壁边一看，原来从壁缝里透过来的是邻居的灯光。于是，匡衡想了一个办法：他拿了一把小刀，把墙缝挖大了一些。这样，透过来的光亮也大了，他就凑着透进来的灯光，读起书来。

匡衡就是这样刻苦地学习，后来成了一个很有学问的人。

（二）囊萤映雪

晋代时，车胤从小好学不倦，但因家境贫困，父亲无法为他提供良好的学习环境。为了维持温饱，没有多余的钱买灯油供他晚上读书。为此，他只能利用白天这个时间背诵诗文。

夏天的一个晚上，他正在院子里背一篇文章，忽然见许多萤火虫在低空中飞舞。一闪一闪的光点，在黑暗中显得有些耀眼。他想，如果把许多萤火虫集中在一起，不就成为一盏灯了吗？于是，他去找了一只白绢口袋，随即抓了几十只萤火虫放在里面，再扎住袋口，把它吊起来。虽然不怎么明亮，但可勉强用来看书了。从此，只要有萤火虫，他就去抓一把来当作灯用。由于他勤学苦练，后来终于做了职位很高的官。

铁杵磨成针

唐朝著名大诗人李白小时候不喜欢念书,常常逃学,到街上去闲逛。

一天,李白又没有去上学,在街上东溜溜、西看看,不知不觉到了城外。暖和的阳光、欢快的小鸟、随风摇摆的花草使李白感叹不已,"这么好的天气,如果整天在屋里读书多没意思?"

走着走着,在一个破茅屋门口,坐着一个满头白发的老婆婆,正在磨一根棍子般粗的铁杵。李白走过去,"老婆婆,您在做什么?"

"我要把这根铁杵磨成一个绣花针。"老婆婆抬起头,对李白笑了笑,接着又低下头继续磨着。

"绣花针?"李白又问:"是缝衣服用的绣花针吗?"

"当然!"

"可是,铁杵这么粗,什么时候能磨成细细的绣花针呢?"

老婆婆反问李白:"滴水可以穿石,愚公可以移山,铁杵为什么不能磨成绣花针呢?"

"可是，您的年纪这么大了？"

"只要我下的功夫比别人深，没有做不到的事情。"

老婆婆的一番话，令李白很惭愧，幡然醒悟，明白自己虚度了时光。他向老婆婆行了一礼之后回到家中，从此再没有逃过学。每天的学习也特别用功，终于成了名垂千古的诗仙。

拓展阅读 ....

李时珍苦写《本草纲目》

李时珍，字东璧，号濒湖。其父李言闻是当地名医，李时珍继承家学，尤其重视本草，并富有实践精神，肯于向社会上的平民学习。李时珍曾参考历代有关医药及其学术书籍八百余种，结合自身经验和调查研究，历时27年编成《本草纲目》一书，是我国明朝以前药物学的总结性巨著，在国内外享有很高的评价。

李时珍"读书十年，不出户庭，博学无所弗睹"。他不但读了八百余种万余卷的医书，还看过不少历史、地理和文学名著及敦煌的经史巨作，连数位前代伟大诗人的全集也都仔细钻研过。他还从中摘录了大量有关医药学的诗句。而这些诗句也确实给了他许多真实有用的医药学知识，帮助他纠正了前人在医药学上的许多谬误。

在他父亲的启示下，李时珍认识到"读万卷书"的需要性，但"行万里路"更不可少。于是，他既"搜罗百氏"，又"采访四方"，深入实际进行调查。李时珍穿上草鞋，背起药筐，在徒弟庞宪、儿子建元的伴随下，远涉深山旷野，遍访名医宿儒，搜求民间验方，观察和收集药物标本。

就这样，李时珍经过长期的实地调查，搞清了药物的许多疑难问题，于1578年完成了《本草纲目》编写工作。这本书成了我国药物学的空前巨著。其中在动植物分类学、生物学、化学、矿物学、地质学、天文学等方面也做出贡献。达尔文称赞它是"中国古代的百科全书"。

祖莹遮窗夜读

北魏的时候，有个人叫祖莹，他小时候非常好学，才八岁就能背诵《诗经》和《尚书》了。12岁时，他就到当时的中央官学去上学了。他的父母看到孩子每天一读书就夜以继日、废寝忘食，很担心祖莹这样刻苦读书，时间久了会落下什么病来，于是就禁止他在深夜里读书。可祖莹这孩子读书早就入了迷了，他虽然表面上答应了父母，可每天晚上还是趁父母不注意的时候偷偷地在灰烬里藏下火种，等父母都睡着了，他再点起火来继续读书。因为怕家里人看见屋子里的火光，他就用衣服和被子小心地把窗子给遮盖起来，这样他就可以专心读书了。这件事最终还是被发现了，祖莹却也因此名声越来越大了，以至于亲戚朋友们都亲切地叫他"圣小儿"。祖莹爱好写文章，当时一位叫高允的朝廷重臣就感叹地说："祖莹这孩子既有才能，又有气度，其他的学生怕都比不上他，我看他将来一定会大有出息的。"

祖莹的勤奋好学也给他惹了点麻烦。有一天上课，老师要讲解《尚书》，祖莹因为前一天夜晚读书读得太疲劳了，以至于第二天睡过头了。他匆匆忙忙地爬起来去上课，一时慌张就把一本叫《曲礼》的书带到教室里去了。讲课的老师是一个一向都很严厉的人，因此祖莹明知拿错了书，也不敢跑回去把书换回来，就只能把那本自己拿错了的《曲礼》放在面前。古代的老师上课最喜欢让学生背书了，凡是背不出来，通常都会受到严格的处罚。这一次，老师就叫祖莹背诵三篇《尚书》里的文章。祖莹虽然没有带书，却一点也不担心，竟然流畅地把三篇文章一字不漏地全背了下来。他的同学是知道他拿错了书的，所以都感到震惊极了，于是就向老师报告了这件事。就这样一传十、十传百，全校的师生都知道了这件事，大家对祖莹的才学既觉惊讶，又十分佩服。

最后连皇帝也知道了祖莹的事迹，便派人来召他入宫。皇上让祖莹当众背诵"五经"里的章句，祖莹都丝毫不差地背下来了；再叫祖莹解说一下这些章句的含义和主旨，祖莹解说得也很精彩。皇上十分欣赏祖莹的才学，对他赞叹不已。后来，祖莹就因为才学卓著当上了太学的老师，甚至还坐上了中央官学的校长位置。

祖莹不仅以勤奋好学闻名，而且以善于写文章被当时的人所看重。他认为读书写文章一定要有自己的独特见解，不能只模仿他人、人云亦云。

苏颋映炭照书

苏颋是唐朝大臣、文学家，他的父亲是个大官，十分显贵。在苏颋小时候，因为父亲应酬多，所讲究的繁缛礼俗也多，偏偏苏颋是个很直率的人，他打心眼里不喜欢父亲这种做法。

一次，家里来了一位贵客，苏颋的父亲要子女们来拜见，苏颋虽然和其他兄弟姐妹一样行礼，但脸上并没有表现出很欣喜的样子。看见他这个样子，父亲觉得丢了自己的面子，也觉得这个孩子不是可教之才，一怒之下对苏颋说："既然你不愿意当我家的孩子，就去马棚里和马夫一起住吧！"

失去了父亲的欢心后，苏颋不再是锦衣玉食的少爷。臭烘烘的马棚，居住条件实在太苦，除了搁置几张木板床，一张破桌，就是一副炉灶，到了晚上还没有灯烛，对于一个读书写字的孩子是太不适宜了。所以，几个年长的马夫劝他还是听从老爷的训导，向父亲低头认个错，回到干干净净的房间里去住。

苏颋却摇摇头："这里虽然又臭又冷，但却没有繁文缛节束缚，我觉得比住在点着熏香放着鲜花的房间里还自由。我就如出了笼子的小鸟，为什么还要飞回笼子里去呢？环境困苦，正可以锻炼人的意志；优越的条件，倒常常让人消磨志气。"

白天，他坐在破桌边读书写字；晚上，当辛苦了一天的马夫渐渐睡去后，他就坐到炉灶旁，就着炉火中剩余柴火的光亮读书。时间一长，火光渐渐暗了，他就用嘴对着灶口把火吹得亮一些，继续读书，再暗，就用吹火棍把灰烬拨开，把下边的柴火翻上来，再用嘴吹着，直到炉膛里的火全部熄灭，才停止读书。

经过了这样的苦学，他文才出众，写出的文章雄厚有力。苏颋20岁中进士，不久供职中书舍人（官职名），负责专为皇帝起草文诰。他的上司中书令李峤感叹地说："苏颋文思如泉涌，我是比不过他的。"宰相张九龄常谈论苏颋的文章，向同事介绍说："苏颋胆识过人，真是文坛上的'雄帅'。"

唐玄宗清除太平公主势力时，诏书大多出于苏颋的手笔。唐玄宗很欣赏他的文字，多予关怀。有一年中秋节夜晚，苏颋在宫中值班，唐玄宗赐宴诸学士赏月。当时天高无云，月光照得大地如同白昼。苏颋说："月光可爱，何必再点灯蜡？"按理，臣子说这种大胆的话很容易让皇帝生气，可唐玄宗听了，立刻下令撤去灯蜡，可见他对苏颋的欣赏，也可见苏颋这个人的直率真实。

后来，苏颋累经升迁，官至宰相，为官公正廉洁，博得千古美名。

孔子韦编三绝

孔子，姓孔，名丘，字仲尼，是我国春秋时期著名的思想家、教育家、政治家，也是我国儒家学说的创始人。他之所以能成为弟子三千、名扬四海的圣人，是和他小时候的刻苦勤奋分不开的，也正所谓是"天才来自勤奋"。

史书言，孔子的母亲在他刚刚三岁的时候，就教他读书识字，到四岁的时候，他已会念百余字了。

有一天，他的妈妈说："昨天我教你的字会背了吗?"

孔丘说："都记住了。"

妈妈说："那好，明天一早我考考你。"

孔丘睡觉，是和哥哥在一起。这天晚上，他钻入被窝后对哥哥说："哥哥，妈妈教给你的字都记住了吗?"

哥哥道："都记住了。你呢?"

孔丘说："我已经练了多遍也许都记住了，可又没有打握，明天一早娘要考我，若有不会的，娘一定非常伤心和难过。不行，我一定要起来再多练几遍。"

哥哥被他这种刻苦学习、孝顺母亲的精神所感动，心疼地说："天气凉了，别起来练了，就在我的肚子上写吧。我能觉出对错，也好对你写的做个检查！"

于是，小孔丘就在哥哥的胸口上写了起来。每写一字，就念出声来。可这声音越来越轻，当他写完最后一个字的时候，声音也听不到了。哥哥验完他的最后一个字，听着他那均匀的呼吸，望着他甜中带笑的睡容，既心疼又爱怜地笑了。第二天一早，在母亲考核时，他一遍通过。母亲惊喜道："这孩子真神了，前天教了他那么多字，只过了一天，就如此滚瓜烂熟，将来准能干大事啊！"

孔丘望着母亲欣喜的面容，高兴地笑了。然而在这微笑中，却伴着两行泪水。站在旁边的哥哥，深深地理解他，知道在他超人的天资背后，更多的则是弟弟那锲而不舍的精神和刻苦勤奋的汗水。

春秋时期的书，主要是以竹子为材料制造的，把竹子破成一根根竹签，称为竹"简"，用火烘干后在上面写字。一根竹简上写字，多则几十个字，少则八九个字。一部书要用许多竹简，通过牢固的绳子之类的东西按次序编连起来才最后成书，便于阅读。通常，用丝线编连的叫"丝编"，用麻绳编连的叫"绳编"，用熟牛皮绳编连的叫"韦编"。像《易》这样厚重的书，当然是由许许多多竹简通过熟牛皮绳编连起来的。孔子"晚年喜易"，花了很大的精力，反反复

— 174 —

复把《易》全部读了许多遍，又附注了许多内容，不知翻开来又卷回去地阅读了多少遍。孔子这样读来读去，把串连竹简的牛皮带子也给磨断了几次，不得不多次换上新的再使用。"韦编三绝"这个成语就是比喻读书勤奋用功。即使读书读到了这样的地步，孔子还谦虚地说："假如让我多活几年，我就可以完全掌握《易》的文与质了。"

断织劝学

古时候有个叫乐羊子的人，他娶了一位知书达理、勤劳贤惠的好妻子，妻子总帮助和辅佐乐羊子力求上进，做个有理想、有抱负的人。

妻子常常跟乐羊子说："你是一个七尺男子汉，要勤学苦练，多学些有用的知识，来丰富自己，将来好成就一番大事业。天天懒惰地待在家里或者只在乡里四邻转悠也不是办法，不仅开阔不了眼界，也学不到什么知识，不会有什么出息的。不如带些盘缠，到远方去找名师学习本领来充实自己，也不枉活这一世啊！如果拜了老师，你可一定要努力学习，别辜负了老师的一片用心。"日子一长，乐羊子被说动了，就按照妻子的话收拾好行李出远门去了。自从那天和乐羊子依依惜别，妻子一天比一天思念自己的丈夫，记挂他在异乡求学的情况，但她把这份惦念埋在心底，只是每天不停地织布干活来排遣这份思念之情，好让乐羊子安心学习，不要牵挂自己和家里。在远方求学的乐羊子也很思念妻子，但为了不辜负妻子的一片苦心，勉强地坚持着。

一天，妻子正织着布，忽然听见有人敲门。她过去开门一看，简直不敢相信自己的眼睛，站在面前的竟然是自己日思夜想的丈夫。她高兴极了，忙将丈夫迎进屋里。可是惊喜了没多久，妻子似乎想起了什么，疑惑地问："才刚刚过了一年，你怎么就回来了，是出了什么事了吗？"乐羊子望着妻子笑着说："没什么事，只是离别的日子太久了，我对你朝思暮想，实在忍受不了，就回来了。"

妻子听了这话，半晌无语，很难过。她抓起剪刀，快步走到织布机前"咔嚓、咔嚓"把织了一大半的布剪断了。乐羊子吃了一惊，问道："你这是干什么？"妻子回答说："这匹布是我日日夜夜不停地织呀织呀，它才一丝一缕地积累起来，一分一毫地变长起来，终于织成了一整匹布。现在我把它剪断了，白白浪费了宝贵的光阴，它也永远不能恢复为整匹布了。学习也一样，要一点点地积累知识才能成功。你现在半途而废，不愿坚持到底，不是和我剪断布一样可惜吗？"乐羊子听了这话恍然大悟，意识到自己错了，羞愧不已。

从此，他下定决心，一定要完成学业再回来见妻子。他再次依依不舍地离开家去求学。在他乡，他日夜坚持学习，整整过了七年才终于学成而归。

学业的精深造诣来源于勤奋，而勤奋靠的是毅力。乐羊子远在他乡坚持不懈地学习，最后终于学成而归，靠的也是勤奋和毅力，值得我们学习。

刘勰笃学不娶

《文心雕龙》是中国第一部系统的文艺理论巨著，它的作者刘勰为了钻研学问，全身心地投入到学习中去，放弃了成亲拥有家室的机会。这是怎么一回事呢？

刘勰是南朝人，出生于官宦人家，他也曾有过前程似锦的幻想。在他7岁时，曾做了一个梦，他梦见了一片五彩祥云，犹如锦缎般美丽，于是用梯子攀爬上去采摘云彩。现实没有梦境般美丽，刘勰还没来得及大展宏图，他的父亲在南朝宋代元徽二年（474年）的建康平叛战役中牺牲了，使刘勰早孤家贫。

家庭的不幸变故，并没有使刘勰意志消沉，而是使他更勤于读书。父亲去世后，刘勰在贫苦中求学，与母亲相依为命。每天天刚蒙蒙亮，他就上山砍柴，然后去集市换取微薄的收入以维持生活。一天，刘勰像往常一样挑着满满一担柴去镇上卖，突然一阵琅琅的读书声吸引了他。他悄悄地走近学堂，头靠在学堂的门板上，侧耳倾听，一直到下课才恋恋不舍地走开。他一边走一边想："我不正愁没钱上学读书吗？要是我每天早早起床砍柴，挑着柴去学堂偷听先生讲课，听完再去卖柴，这样就可以学习做事两不误了！"从此，不管风吹雨打，刘勰每天天不亮就早早起床砍柴，然后赶忙去学堂听课，听完课再去卖柴，寒来暑往从不间断。

在艰苦的生活中，刘勰继续着学业，不幸的是母亲在他20岁时，因积劳成疾也去世了。古代的风俗是父母死后，子女要守孝三年不得婚嫁。刘勰为母亲守孝三年后，已超过了当时的结婚年龄，由于他好学上进，有不少人给他说媒。刘勰明白乡亲们对自己的关心，但他也非常明白，娶亲成家固然是好事，但现在自己的主要目标不是娶老婆，而是著书立说。不管媒人说的姑娘多么漂亮能干，他都一一婉拒，继续潜心读书。

面对刘勰"笃学不娶"的举动，乡亲们议论纷纷，都说刘勰读书读傻了。刘勰却看得很清楚，人的一生是短暂的，年轻时正是学习的黄金时段，应该珍惜光阴，抓紧时间学习。

于是在24岁时，刘勰来到了定林寺。此时定林寺的僧侣与皇室关系密切，在这里，退可以安静地读书，不被外界打扰；进可以有机会见到政要，或许还能遇到伯乐。刘勰在定林寺闭门就读长达十年，经常读书到深夜。最初几次，夜深人静时，僧人们听见佛殿里忽然传来读书声，都吓坏了，还以为里面有鬼，后来才发现是刘勰在佛殿夜读。

　　定林寺里有棵高耸入云的银杏树，刘勰经常在树荫下读书写文，《文心雕龙》就是他在此处历时三年的结晶。此后，刘勰因《文心雕龙》受到南梁大学者沈约的青睐，他就此离开定林寺，到当时的都城建康（南京）做官，成为一代大文学家。

闻鸡起舞

晋代的祖逖是个胸怀坦荡、具有远大抱负的人。可他小时候却是个不爱读书的淘气孩子。进入青年时代，他意识到自己知识的贫乏，深感不读书无以报效国家，于是就发奋读起书来。他广泛阅读书籍，认真学习历史，从中汲取了丰富的知识，学问大有长进。他曾几次进出京都洛阳，接触过他的人都说，祖逖是个能辅佐帝王治理国家的人才。祖逖24岁的时候，曾有人推荐他去做官司，他没有答应，仍然不懈地努力读书。

后来，祖逖和幼时的好友刘琨一同担任司州主簿。他与刘琨感情深厚，不仅常常同床而卧，同被而眠，而且还有着共同的远大理想：建功立业，复兴晋国，成为国家的栋梁之才。一次，半夜里祖逖在睡梦中听到公鸡的鸣叫声，他一脚把刘琨踢醒，对他说："别人都认为半夜听见鸡叫不吉利，我偏不这样想，咱们干脆以后听见鸡叫就起床练剑如何？"刘琨欣然同意。于是他们每天鸡叫后就起床练剑，剑光飞舞，剑声铿锵。冬去春来，寒来暑往，从不间断。

功夫不负有心人，经过长期的刻苦学习和训练，他们终于成为能文能武的全才，既能写得一手好文章，又能带兵打胜仗。祖逖被封为镇西将军，实现了他报效国家的愿望；刘琨做了都督，兼管并、冀、幽三州的军事，也充分发挥了他的文才武略。

孟母三迁

　　孟子三岁的时候，父亲就去世了，留下他们母子俩相依为命。为了给父亲守坟，就把家搬到坟墓附近。时间久了，孟子就和小朋友们学着哭坟，挖土，埋"死人"和办丧事。孟母看到了就摇摇头，心想："不行，我不能让我的孩子住在这种地方了。"于是，孟母就把家搬到集市附近。集市上整天吵吵嚷嚷地叫着买卖东西，孟子觉得很有趣，就跟邻居的小孩儿玩杀猪、宰羊、买卖肉的游戏，学猪羊死去的声音和讨价还价。孟母看到了，皱起了眉头，心想："这种环境也不适合我的孩子。"于是，又搬到了一所学校的旁边。这样，孟子天天都听到孩子们读书的声音，因此他就喜欢上了读书，然后跟母亲说："我要去上学。"孟母听到了很高兴，心里想："这里才是孩子应该走的正路！"就爽快地答应了。

　　虽然孟子去读书了，可时间长了又厌烦了，他开始逃学了。有一次，孟子逃学跑回家，孟母正在织布，看到孟子这么早就回来，知道儿子是逃学回来的，就很生气地用剪刀把她所织的布剪断了。然后命令孟子跪下，严肃地跟他说："学习就像织布，织布要一针一针地织，学习要一天一天地学。月月学，年年学，日积月累，才会学业有成。你这样半路逃学，就像我中途断织一样，不仅会前功尽弃，将来还会一事无成。"孟子开始只是吃惊，并不理解母亲的用意，听到这一席话，豁然开朗，再也不逃学了。

从此，孟子刻苦读书，长大后成为中国古代伟大的思想家、教育家。人们把他的学说和孔子的学说并称为"孔孟之学"。孟子的母亲也成为中国古代教育子女的榜样。《三字经》称赞说："昔孟母，择邻处。子不学，断机杼。"

洛阳纸贵

晋代文学家左思，小时候是个非常顽皮、不爱读书的孩子。父亲经常为这事发脾气，可是小左思仍然淘气得很，不肯好好学习。

有一天，左思的父亲与朋友们聊天，朋友们羡慕他有个聪明可爱的儿子。左思的父亲叹口气说："快别提他了，小儿左思的学习还不如我小时候，看来没有多大的出息了。"说着，脸上流露出失望的神色。这一切都被小左思看到听到了，他非常难过，觉得自己不好好念书确实很没出息。于是，他暗暗下定决心，一定要刻苦学习。

左思不甘心受到这种鄙视，开始发奋学习。当他阅读东汉班固的《两都赋》和张衡写的《两京赋》，虽然很佩服文中宏大的气势，华丽的文采，可是也看出了其中虚假却而不实在、大而无当的弊病。从此，他决心依据事实和历史的发展，写一篇《三都赋》，把三国时魏都邺城、蜀都成都、吴都南京写入赋中。

日复一日，年复一年，左思渐渐长大了，由于他坚持不懈地发奋读书，终于成为一位学识渊博的人。他用一年时间写成的《齐都赋》，显示出他在文学方面的才华，为他成为杰出的文学家奠定了基础。这以后，他又以三国时魏、蜀、吴首都的风土、人情、物产为内容，着手撰写《三都赋》。为了在内容、结构、语言诸方面都达到一定水平，他潜心研究，精心撰写，废寝忘食，用了整整十年，文学巨著《三都赋》终于写成了。

左思的《三都赋》在文学界品评时，那些文人们见作者是个无名小卒，就根本不予细看，胡乱评论，把《三都赋》说得一无是处。左思不甘心自己的心血遭到埋没，找到了著名文学家张华。张华先是逐句阅读了《三都赋》，然后细问了左思的创作动机和经过，当他再回头来体察句子中的含义和韵味时，不由得为文中的句子深深感动了。他越读越爱读，到后来竟不忍释手了。皇甫谧看过《三都赋》以后也是感慨万千，他对文章予以高度评价，并且欣然提笔为这篇文章写了序言。他还请来著作郎张载为《三都赋》中魏都赋作注，请朱中书郎刘逵为蜀都赋和吴都赋作注。刘逵在说明中说道："世人常常重视古代人的东西，而轻视新事物、新成就，这就是《三都赋》开始不传于世人的原因啊！"

在名人作序推荐下，《三都赋》很快风靡了京都，懂得文学的人无一不对它称赞不已，甚至以前讥笑左思的陆机听说后，也细细阅读一番，他点头连声说："写得太好了，真想不到。"《三都赋》在京城洛阳广为流传，人们啧啧称赞，竞相传抄，一下子使纸昂贵了几倍。原来每刀千文的纸一下子涨到两千文、三千文，后来竟倾销一空，不少人只好到外地买纸，抄写这篇千古名赋。

结　语

自古以来学有建树的人都离不开一个"勤"字。左思不甘心受到父亲鄙视，开始发奋学习，成为一位学识渊博的人，写成《三都赋》，最后才有了"洛阳纸贵"的典故。

三年不窥园

一代儒学大师董仲舒，自幼天资聪颖，少年时酷爱学习，读起书来常常忘记吃饭和睡觉。其父董太公看在眼里急在心上，为了让孩子能歇歇，他决定在宅后修筑一个花园，让孩子能有机会到花园散散心歇歇脑子。

第一年，董太公一边派人到南方学习，看人家的花园是怎样建的，一边准备砖瓦木料。头一年动工，园里阳光明媚，绿草如茵，鸟语花香，蜂飞蝶舞。姐姐多次邀请董仲舒到园中玩。他手捧竹简，只是摇头，继续看竹简，学孔子的《春秋》，背先生布置的诗经。

第二年，花园里的花开得更好了，还修了一座小假山。到了中秋佳节，住在附近的亲朋好友纷纷来到花园赏花看月亮，把酒言欢，其乐融融。大家请董仲舒从书房里出来，可他还是摇摇头，说自己的学问还没做完。有个朋友生气了，把董仲舒往外拉，说："你少看一天书，会掉块肉吗？"董仲舒笑着推开他，摇摇头："肉是不会掉，但我心里会比掉肉更难受，还是等我看完书再说吧。"

第三年，花园里挖了个小池塘，到了夏天，蛙声一片，凉风习习，大家都在花园里纳凉吃果子，唯独董仲舒还在闷热的房间里看书。家人推开门一看，只见董仲舒全身的衣裳都汗透了，他却浑然不觉，嘴里还念念有词地读着《论语》："不知命，无以为君子也；不知礼，无以立也；不知言，无以知人也。"家人忙拉他去花园乘凉，不料又被拒绝了，他的理由还是那一个——等我做完学问再说。

这么美丽舒适的花园，董仲舒却整整三年看也不看，真是"两耳不闻窗外事，一心只读圣贤书"啊。他沉浸在书本的世界里，对当时的社会时尚和生活享受都漠不关心。《史记》记载，当时六畜兴旺，大街小巷都有很多马匹，人们乘马也非常讲究，一定要骑高大漂亮的公马，聚会谁骑了匹母马都会被大伙儿取笑排斥。可董仲舒对此并不留意，他有时候出门连自己骑的是公马还是母马都弄不清楚。

功夫不负有心人，董仲舒终于学通五经，他长于议论，精于文章，成为令人敬仰的儒学大师，很多有志青年都来向他求教。由于弟子太多，董仲舒无法一一亲传面授，便叫门下高足代劳。史书上说，董仲舒讲学的时候，在讲堂里挂上一幅帷帘，他在里面讲，弟子在帘外听。只有资质优异、学问不错的弟子才能够登堂入室，得其亲传。其余弟子皆按受业的先后和深浅，由门下代为传授。因此有的学生慕名而来，却连见上董仲舒一面的愿望也没实现，可见董仲舒的声誉之高、学问之大。

拓展阅读 ....

罢黜百家　独尊儒术

"罢黜百家，独尊儒术"是董仲舒提出、汉武帝实行的封建思想统治政策，也是儒学在中国文化中居于统治地位的标志。

西汉初年，汉高祖不喜儒学，使儒家的学术源流几乎断绝。加上汉初国力薄弱，皇帝不得不休养生息，在政治上主张无为而治，在经济上实行轻徭薄赋，所以他们在思想上主张黄老学说（黄老学说是战国时的哲学、政治思想流派，尊传说中的黄帝和老子为创始人）。汉武帝即位时，迫切希望从政治和经济上强化专制的中央集权制，黄老思想已不能满足当时需要，而儒家的春秋大一统思想、仁义思想和君臣伦理观念显然与汉武帝所面临的形势和任务相适应。于是，在思想领域，儒家终于取代了道家的统治地位。

"罢黜百家，独尊儒术"，即废除其他思想，只尊重儒家的学说。以后，凡是做官的人都要懂得儒家的学说。独尊儒术之后，中国古代的封建正统思想就开始确立了，但真正的全面确立是在隋唐时期。这一政策几乎为以后各代统治者所尊奉，长达两千年之久，对中国文化教育事业的发展和各民族心理、思维的形成产生了深刻影响。虽然这样做不利于学术文化的多元发展，但在当时却有益于专制制度的加强和国家的统一。

华佗出师

华佗是东汉末年安徽省亳县城北小华庄人，全家人仅靠父亲教书，母亲养蚕织布为生。可是当时，宦官当道，捐税徭役繁重，加之兵荒马乱，瘟疫流行，家家顾命不得，谁还有心叫孩子上学？这样一来，华佗家的生活就更拮据了。

一天，华佗的父亲带他到城里"斗武营"（即当地富豪斗拳比武的地方）看比武。回家后忽然得了肚子疼的急病，医治不及，死了！华佗娘俩悲痛欲绝，设法把父亲安葬后，家中更是揭不开锅了。那时华佗才七岁，娘把他叫到跟前说："儿呀！你父已死，我织布也没有本钱，今后咱娘俩怎么生活呀？"华佗想了一想说："娘，不怕，城内药铺里的蔡医生是我爸爸的好朋友，我去求求他收我做个徒弟，学医，既能给人治病，又能养活娘，不行吗？"娘听了满心欢喜，就给华佗洗洗脸，换了件干净的衣服，让他去了。

华佗拜了师父，就跟蔡医生学徒，不管是干杂活，采草药，都很勤快卖力，师父很高兴。一天，师父把华佗叫到跟前说："你已学了一年，认识了不少药草，也懂得了些药性，以后就跟你师兄抓药吧！"华佗当然乐意，就开始学抓药。谁知师兄们欺负华佗年幼，铺子里只有一杆戥秤，你用过后我用，从不让他沾手。华佗想：若把这事告诉师父，责怪起师兄，必然会闹得师兄弟之间不和，但不说又怎么学抓药呢？俗话说："天下无难事，只怕有心人。"华佗看着师父开单的数量，将师兄称好的药逐样都用手掂了掂，心里默默记着分量，等闲下时再偷偷将自己掂量过的药草用戥秤称称，对证一下，这样天长日久，手也就练熟了。有一回，师父来看华佗抓药，见华佗竟不用戥秤，抓了就包，心里很气愤，责备华佗说："你这个小捣蛋，我诚心教你，你却不长进，你知道药的分量拿错了会药死人的吗？"华佗笑笑说："师父，错不了，不信你称称看。"蔡医生拿过华佗包的药，逐一称了分量，跟自己开的分量分毫不差。再称几剂，依然如此，心里暗暗称奇。后来一查问，才知道是华佗刻苦练习的结果，便激动地说："能继承我的医学者，必华佗也！"此后，便开始专心地教华佗望闻问切。

　　一次，丁家坑李寡妇的儿子在涡河里洗澡被淹坏了，李氏飞奔来找蔡医生，蔡医生见孩子双眼紧闭，肚子胀得像鼓，便叹气说："孩子难救了。"李氏听了哭得死去活来。华佗过去摸了摸脉，低声对师父说："孩子可能还有救！"蔡医生不信。华佗叫人牵头牛来，先把孩子伏在牛身上控出水，然后再放平孩子，用双腿压住孩子的腹部，提起孩子的双手，慢慢一起一落地活动着，约摸一刻钟工夫，孩子渐渐喘气，睁开了眼。华佗又给开了剂汤药，把孩子治好了。华佗起死回生的消息像风一样地传开了。蔡医生羞愧地对华佗说："你已青出于蓝而胜于蓝，我没本事教你了，你出师开业去吧！"华佗出了师，也不开业，却游学徐土一带，寻访名医，探求医理，给人治病。

宋濂勤奋刻苦求知识

宋濂是明代人，很有学问，散文写得很生动。做翰林时，他编修过《元史》，著有《宋学士集》七十五卷，被人们称为"开国文臣之首"。宋濂家境贫寒，他能读书并取得如此成就，都是非常勤奋刻苦的结果。

宋濂从小特别爱学习，好钻研。由于家里很穷，没有钱买书，就只好到有书的人家去借。他借来以后，就抓紧时间抄写，以便按时送还人家。有时天气特别冷，砚台里的墨汁都冻成了冰，手指也冻得弯不过来，但他还是赶紧抄写，不敢有半点偷懒。抄写完了马上把书送还，绝对不敢稍稍错过送书时间。因为宋濂很守信用，所以好多人都肯把书借给他看，他也因此能博览群书。

到了成年时，他更加羡慕学者们的成就和品德，想学到更多的东西，但苦于身边没有好老师指导。他知道，要想与学识渊博的老师和名人交流，就必须走出去。于是，他到百里之外，手拿着经书向同乡老师求教。老师道德高，名望大，门人学生挤满了老师的房间。宋濂想办法陪侍在老师左右，提出疑难，询问道理，低身侧耳向老师请教；有时遭到老师的训斥，表情更为恭敬，礼貌更为周到；等到老师高兴时，就又向他请教。宋濂认为自己有时虽然愚钝，最终还是得到不少教益。

宋濂到百里以外求师的时候，自己背上书箱和行李，行走在深山峡谷之中。严冬寒风凛冽，大雪深达几尺，脚冻得裂开老大的口子都不知道。到学舍后，四肢冻僵了不能动弹，只能靠仆人给倒点水，喝下暖暖身子。仆人再把被子围盖他身上，很久才能暖和过来。

宋濂在学舍住的时候，由于经济条件不好，每天只能吃两顿饭，更不要奢望美味了。

同学舍的求学者都穿着锦绣华丽的衣服，戴着穿有珠穗、饰有珍宝的帽子，腰间挂着白玉环，左边佩戴着刀，右边备有香囊，光彩鲜明，如同神人。在太学中学习的学生们，朝廷每天供给膳食，父母每年都赠给冬天的皮衣和夏天的葛衣，没有冻饿的忧虑；坐在大厦之下诵读经书，没有奔走的劳苦；有司业和博士当他们的老师，没有询问而不告诉，求教而无所收获的了；凡是所应该具备的书籍，都集中在这里，不必再像宋濂这样用手抄录，从别人那借书来看。他们中如果学业有所不精通，品德有所未养成的，一定是学习不够刻苦。

宋濂对穿着华丽的同学，对在太学中学习的学生们毫无羡慕的念头。因为他有经过勤奋刻苦得到知识的极大乐趣。

结　语

知识是从刻苦勤奋中得来的，任何成就都是刻苦勤奋的结果。宋濂把经过勤奋刻苦得到知识作为人生的一大乐趣，真可谓有修养。如果我们能够有此修养，一定会有所成就。

郑板桥尊师重教

郑板桥，乾隆年间担任山东潍县知县。一天，郑板桥刚刚退衙回内府吃饭，衙前鼓就咚咚的响不停。听那急促的鼓声，就知道一定是有人有急事。郑板桥放下碗筷，立即吩咐上堂。堂威喊毕，传擂鼓人。

郑板桥凝目一看，竟是一位老者。长衫破旧，面容憔悴，立而不跪，朝上一揖。郑板桥心里想：这是一个倔强的读书人，因此也没有怪罪他。

郑板桥开始了和老者的一问一答。原来这位老者是位教书的先生，在东家教了一年的书却只赚了八吊钱，东家还以他的薪俸高为由辞退了他。老先生心中不服，倔劲儿上来了，就跑到衙门擂响了鼓。

郑板桥望着老者穷窘的样子，同情之心油然而生。但转而又想东家既然辞退了他，是不是因为他的才学不强呢？于是心中一动，指着大堂上悬挂的红灯笼出了上联：

四面灯，单层纸，辉辉煌煌，照遍东南西北。

出完这上联，郑板桥真有点后悔。这联看似平常，实则难对，别窘住了人家不好意思啊，毕竟人家已经一大把年纪了。

哪成想，未等郑板桥思虑完，老者已经开口对道：

一年教，八吊钱，辛辛苦苦，历尽春夏秋冬。

这联一对，真可谓是才思敏捷。如若没有足够的博识，哪里能对得如此恰切呢？且连告状的缘由都说清楚了，郑板桥听了，极为赞赏。

事后，郑板桥在本县设立了荐教处，把那些有真才实学的、不误人子弟的先生们推荐给重视教育的人家，并明文规定：薪俸不得低于多少，不得随意辞退先生。从此教书先生们的生活就有了保障。也因为郑板桥重视教育的缘故，当地在日后还真的出了不少的人才。

一转眼，又到了年下。到处都充满了过年的气息，家家户户张灯结彩，都张罗着过年。富裕的人家忙着置办年货，穷苦的人家也要弄点白面吃顿饺子。

郑板桥处理完一堆的公务，在大年三十的早上穿上便衫，叫上一个衙役，步行出城向乡间走去。

原来在山东潍县的乡间有一个习俗，就是早贴对联早辞旧，早迎财神早接喜。所以，一般在腊月二十九的下午，家家户户就已经把对联贴好了。郑板桥就是要赶在这个时候观联，了解一下哪位教书先生过不去年了。天偏晌时，郑板桥在一座茅草屋前停下了，这家的门前没有贴对联。他推开门，走进了院子。

随着柴门的响声，走出了一位中年秀士，满脸憔悴，单薄的衣衫裹着瘦弱的身体，在寒风中瑟瑟发抖。秀士很礼貌地把客人迎进了草屋，并搬来了一个三条腿的破凳子请客人落座。郑板桥四下里一瞧，这可真是家徒四壁啊！

"先生，佳节将至，为何未见先生准备啊？"

"哎，说来惭愧，一年教书下来薪俸无几，先父谢世三年借贷未尽。哪里还能有欢年之资呢？"

郑板桥索要纸笔，这位教书先生虽穷，然纸笔还是备齐的。只见郑板桥不再言语，专心致志地勾勾画画，泼泼点点，不一会儿，一副兰竹图就鲜活别致地溢在纸上了。这位秀士，见绘画人落款的"板桥"二字，方知来人是县尊郑板桥！

郑板桥放下笔嘱咐秀士，要他将此画高价卖出，偿付欠债，又伸手从兜里掏出些碎银子交给秀士，说道："立即置办年货，书写春联，鸣炮过年。"

等中年秀士从木楞中醒过来时，郑板桥已经走出了院门，融进了纷纷扬扬的大雪里。

郑板桥是"扬州八怪"之一，以画竹出名。他出生在江苏兴化，名燮，板桥是他的号。因为他在所作的书画下款都题"板桥郑燮"的字样，后来人就逐渐称他为郑板桥。

在雍正十年，即公元1732年，郑板桥在朋友们的帮助下，去应试，结果中了举人。在乾隆元年即1736年又中了进士，五年之后被任命为山东范县县令。

范县地处黄河北岸，有十万人口，而县城里却只有四五十户人家，还不如一个村子大。上任的第一天，郑板桥就出了个怪招：让人把县衙的墙壁打了许多的洞。别人不解，去问他，他说这是除除前任官的恶习和俗气。

五年之后，郑板桥调任山东潍县县令。为了接近百姓，他每次出巡都不打"回避"和"肃静"牌子，不许鸣锣开道。有时还穿着布衣草鞋，微服访贫问苦。有一次夜里出去，听到有间茅草屋里传出阵阵读书声。一看原来是一个叫韩梦周的贫困青年在苦读。郑板桥就拿出自己的银子资助他，后来韩梦周参加科举考试中了进士。

郑板桥因为失去了独子，他总是经常寻访孤儿，然后倾力相助。县学里的孩子放学碰上雨天不能回家，他就让人给送饭，又想到孩子们走泥路容易坏鞋，就让人找些旧鞋送给他们。

在遇到灾荒时，郑板桥都据实呈报，力请救济百姓。他还责令富户轮流舍粥供饥民糊口。他还带头捐出自己的俸禄。他刻了一方图章明志："恨不得填满普天饥债"。在灾情严重时，他毅然决定开官仓借粮给百姓应急。下属们都劝他慎重从事，因为如果没有上报批准，擅自打开官仓，要受惩处。郑板桥说："等批下来百姓早就饿死了，这责任由我一人来承担！"郑板桥的果断救活了很多人。秋后，如果遇上了灾年，百姓们无法归还粮食，郑板桥干脆让人把债券烧了，百姓们都很感谢他这个体恤百姓、爱民如子的清官。

郑板桥做官不讲排场，这也给他带来一些麻烦。由于他常下乡体察民情，上级来视察时常找不到他，免不了要责问。在乾隆十七年时潍县发生了大灾害，郑板桥因为申请救济而触怒了上司，结果被罢了官。

临行前，百姓都来送行，郑板桥雇了三头毛驴，一头自己骑，一头让人骑着前边领路，一头驮行李。做县令长达十二年之久，却清廉如此，送行的人见了都很感动，依依不舍。郑板桥向潍县的百姓赠画留念，画上题诗一首：

乌纱掷去不为官，

囊橐萧萧两袖寒。

写取一枝清瘦竹，

秋风江上作渔华。

从此，郑板桥回乡以画竹为生度过了他贫寒而很有气节的一生。他一生只画兰、竹、石。他认为兰四时不谢，竹百

节长青，石万古不败。这正好与他倔强不驯的性格相合。他

的画一般只有几竿竹、一块石、几笔兰，构图很简单，但构

思布局却十分巧妙，用墨的浓淡衬出立体感。竹叶兰叶都是

一笔勾成，虽只有黑色一种，但能让人感到兰竹的勃勃生气。

知识就是力量

　　培根，英国著名的唯物主义哲学家和科学家。他在文艺复兴时期的巨人中被尊称为哲学史和科学史上划时代的人物。马克思称他是"英国唯物主义和整个现代实验科学的真正始祖"。

　　培根于1561年出生于伦敦的一个官宦世家。他的父亲是伊丽莎白女王的掌玺大臣，母亲也是一位颇有名气的才女，很精通希腊文和拉丁文。良好的家庭教育使培根成熟较早，各方面都表现出异乎寻常的才智。在培根小的时候，父亲有一次带他进宫去见见世面。父亲开始还有些担心他见到女王会害怕。可谁知小培根一点也不害怕，当女王问他有多大时，他很从容地回答说："我是在女王幸福的朝代出生的，年龄比你的王朝还小两岁。"女王看他小小年纪就这样懂事，感到十分高兴。

　　培根小时候虽然身体很弱，经常生病，但他却很爱学习，很爱读书，还喜欢阅读比他的年龄应该读的书更为高深的书籍，培根曾说过："读书足以怡情，足以博彩，足以长才。读史使人明智，读诗使人灵秀，数学使人周密，科学使人深刻，伦理学使人庄重，逻辑修辞之学使人善辩。"13岁时培根进入英国著名的剑桥大学读书。在校学习期间，他读书非常刻苦，喜欢思考问题，还喜欢参加辩论。很多同学因为胆怯而不敢上台辩论，培根就不一样，他总是信心十足地走上台，他的辩论逻辑性强，事实充分，从不强词夺理，吸引了许多师生来观看。培根之所以能有这样出色的表现，除了他本身的聪明才智外，还靠他的充分准备，他提前几天就开始收集相关资料了。在辩论的过程中，培根不仅丰富了知识，还锻炼了自己的口才和胆量。

离开大学以后，培根作为英国驻法大使的随员来到了法国，在旅居巴黎两年半的时间里，他几乎走遍了整个法国，接触到不少新鲜事物，汲取了许多新的思想，这对他世界观的形成起到了很大的作用。培根一直都很重视科学知识的掌握，"知识就是力量"的观点就是他提出来的。他认为要想控制自然，利用自然，就必须掌握科学知识。他还认为真正的哲学必须研究自然，研究科学。正因为培根从不停止思考，不断积累科学知识，他在学术研究上取得了巨大的成果，出版了多部著作。这些研究对近代科学的建立起了积极的推动作用，对人类哲学史、科学史也都作出了重大的贡献。

马克思的足迹

卡尔·马克思，是马克思主义的创始人，第一国际的组织者和领导者，全世界无产阶级和劳动人民的伟大导师，被评为20世纪影响世界最深的人。

1818年5月5日，马克思诞生于德国莱茵省特利尔城。父亲亨利希·马克思是一位才能出众的律师，对马克思少年时代的思想成长起过良好的影响。母亲罕丽达·普勒斯堡是个贤慧的妇女，教子有方。马克思从小勤奋好学，除母语德文外，经自己的刻苦努力他先后攻下了拉丁文、希腊文、法文、英文和意大利文。

马克思在柏林大学时，读书达到了疯狂的地步。他可以整日闭门不出，在学生宿舍里废寝忘食地从早到晚地读书。无论是巴黎、曼彻斯特、伦敦……只要有图书馆的身影，就有马克思的身影。伦敦的大英博物馆图书阅览室里，至今保留着一个当年马克思每天去看书的"专座"，在专座的地毯上，留有明显的两行脚印，从而成为马克思当年在此刻苦研究学问的历史见证。原来，马克思在伦敦居住时，每天像上班一样，从早上9点直到晚上7点，准时到图书馆阅览室去看书，研究大量文献和珍贵资料。由于他每次去看书总是坐在固定的座位上，时间久了，图书馆的工作人员就把这个座位作为马克思的专座。如果哪一天这个位子空着，说明马克思一定病了或是发生什么意外的事了。日子久了，在他看书的座位下面的地毯上，摩擦出两条长长的足印。

有一次，女儿请父亲填一张学校调查表，在"您喜欢做的事"一栏里，马克思毫不犹豫地填上了"啃书本"几个字。确实如此，马克思的全部生活差不多都给写文章和读书占满了。凡是他读过的书，上面都留有他阅读过的印迹，书上空白的地方，写满了他对书中内容评价的批注，一页页的书上，画满了各种黑线、惊叹号等记号。马克思有自己的读书习惯，他爱做笔记，写提纲、梗概，列表格，勾勒大纲，做目录，记下随感，任何一篇他看的文章都是如此。凡是他做过记号、列过提纲的书，不论过了多久，只要一翻开，他就能马上把过去阅读过的主要内容和思考的问题复述出来，随时可以用作研究的资料。马克思对自己看过的书总是反反复复地看，以便于记忆。

马克思阅读了各种书籍、文献和资料达一千五百多种，花了整整四十年的心血写成《资本论》，这部不朽著作具有划时代意义，是政治经济学中的一次革命，为无产阶级和全人类留下了最宝贵的财富。

结　语

　　"任何时候，我也不会满足，越是多读书，就越是深刻地感到不满足，越感到自己知识贫乏"。这是马克思一生刻苦读书总结出来的真理。读的书越多，懂得就越多，让我们珍惜时间努力去读书吧!